PORT ET RADE

DE DUNKERQUE.

NOTICE PAR M. A. PLOCQ.

INSPECTEUR GÉNÉRAL DES PONTS ET CHAUSSÉES.

PARIS,

IMPRIMERIE NATIONALE.

M DCCC LXXXIII.

PORT ET RADE

DE DUNKERQUE.

3506

PORT ET RADE

DE DUNKERQUE.

NOTICE PAR M. A. PLOCQ,

INGÉNIEUR EN CHEF DES PONTS ET CHAUSSÉES.

PARIS.

IMPRIMERIE NATIONALE.

M DCCC LXXIII.

PORT ET RADE

DE DUNKERQUE.

CHAPITRE PREMIER.

ATTERRAGE.

Le fond de la mer, près de la côte du département du Nord, présente de nombreuses ondulations. On y rencontre une grande agglomération de bancs de sable sous-marins, qui s'étendent du N. E. au S. O., depuis la limite des eaux françaises jusque par le travers de la pointe de Walde, sur un développement d'environ 30 milles marins. Cette zone maritime, bien connue sous le nom de *Bancs de Flandre*, est comprise, en latitude Nord, entre 51° 3′ et 51° 20′, et, en longitude, entre 0° 20′ longitude Est et 0° 30′ longitude Ouest. Elle se présente, ainsi qu'on le voit sur la petite carte tracée ci-après, page 2, sous la forme de six lignes de bancs à peu près parallèles.

La première, en venant du large, est constituée par les bancs Ruytingen; ils comprennent, en lisière extérieure, l'Out-Ruytingen, qui s'étend en pointe jusqu'à 0° 30′ de longitude Ouest, le banc de Bergues, puis l'In-Ruytingen, un peu en dedans des deux autres parties.

La deuxième, complétement séparée de la première par un chenal large et profond, est formée par les bancs Dyck; la partie orientale de ce banc, désignée quelquefois sous le nom de *Cliff d'Islande*, s'étend en pointe jusqu'à 51° 20′ de latitude Nord environ.

La troisième est formée par les bancs Ratel, qui courent vers le N. E. jusqu'à 51°18′ de latitude Nord et 0°15′ de longitude Est.

La quatrième se compose des bancs Breedt, dont la pointe septentrionale s'étend jusqu'aux eaux belges, par 0°20′ de longitude Est.

La cinquième, d'une moindre étendue que toutes les autres, forme le Smal-Banck; elle commence par 0° de longitude et se termine par 0°15′ de longitude Est, entre 51°5′ et 51°14′ de latitude Nord.

Enfin, la sixième, la plus rapprochée du rivage, est constituée par une suite de bancs soudés les uns aux autres, entre 0°15′ de longitude Ouest et 0°20′ de longitude Est, sous les noms de haut-fond de Gravelines, Snouw, Braeck-Banck, Hills-Banck et Trapegeer; ces deux derniers sont séparés par une dépression donnant des fonds de 6 mètres, qui constitue l'entrée Est de la rade de Dunkerque; le dernier, le Trapegeer, se réunit à la plage entre la frontière belge et Nieuport.

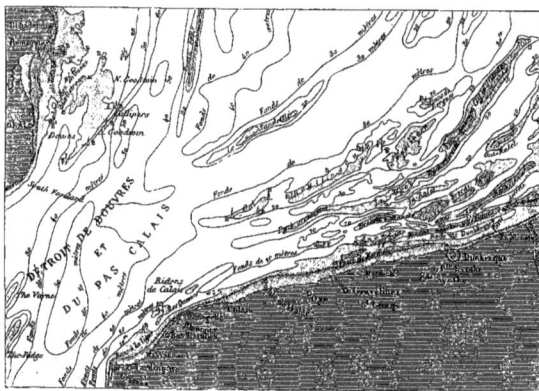

Le vaste sillon compris entre les Ruytingen et les Dyck constitue un chenal continu. Tous les autres sillons sont interrompus par des soudures qui relient deux à deux les hauts-fonds à peu près au milieu de leur longueur. Le dernier sillon, contigu à la côte, forme la rade de Dunkerque, et se termine en impasse, vers l'Est, par la réunion du Trapegeer au rivage belge; les fonds, partout de plus de 10 mètres, sont interrompus en un seul point par une soudure appelée *Barre*, entre la plage de Mardick et la pointe occidentale du Braeck-Banck, vers l'entrée Ouest de la rade, par 0° 5′ 29″ de longitude Ouest et 51° 3′ 42″ de latitude.

L'entrée du port de Dunkerque se trouve à peu près au milieu de la longueur de la rade, à environ 14 kilomètres à l'Ouest de la frontière. Sa position géographique peut être définie par celle de son grand phare : latitude Nord, 51° 2′ 59″; longitude Est, 0° 1′ 41″.

Dunkerque est l'exutoire oriental du grand delta de l'Aa. La rive droite de cette rivière, de Watten à la frontière de Belgique, est inférieure au niveau des hautes mers; elle est disposée en pente vers Dunkerque, de sorte qu'elle écoule ses eaux douces, au moment des basses mers, par les écluses de cette ville, organisées en vue du double service des desséchements du pays et des chasses du port.

Deux canaux principaux, les canaux de Bergues et des Moères, aboutissent au port de Dunkerque : le premier sert à la navigation entre Dunkerque, Bergues et Watten; le second est exclusivement affecté au desséchement des parties les plus basses des wateringues et des moères. Un troisième canal, le canal de Bourbourg, est une artère de navigation, qui met le port de Dunkerque en communication avec l'Aa et le réseau navigable du Nord et du Pas-de-Calais; c'est ce canal qui amène à Dunkerque des eaux potables empruntées au cours de l'Aa. Un quatrième, le canal de Furnes, réunit directement le port de Dunkerque aux voies navigables de la Belgique. Tous ces canaux aboutissent directement à Dunkerque, et se déchargent dans la mer par les fossés de la place et par deux autres canaux de dérivation.

Le port de Dunkerque est en relation directe avec les chemins de fer français et belges, par le réseau de la compagnie du Nord et par la ligne de Dunkerque à Furnes, concédée à une compagnie belge.

Le chenal de Dunkerque, formé primitivement par l'embouchure d'une des branches de l'Aa, a été successivement approfondi et est encore entretenu aujourd'hui par le moyen des chasses. Il présente entre les jetées, en temps normal, quand tous les organes de chasse sont en bon état, des profondeurs de 3 mètres à $3^m,50$ au-dessous du niveau des basses mers de vive eau ordinaires, lequel est à $0^m,47$ au-dessus du zéro des cartes marines. La profondeur se réduit à $1^m,30$ sur les Pollaerts, hauts-fonds de la passe extérieure. La longueur de la passe est d'environ 600 mètres entre la tête des jetées et les profondeurs de la rade.

De la frontière belge à Dunkerque, sur une longueur de 13 à 14 kilomètres, la largeur de l'estran est, en moyenne, de 400 mètres; l'inclinaison reste comprise entre $0^m,010$ et $0^m,015$ par mètre, entre la laisse des basses mers de vive eau et celle des hautes mers de morte eau, et se tient, pour le reste, entre $0^m,01$ et $0^m,06$. Le pied des dunes longe presque immédiatement la laisse des hautes mers de vive eau, et la plage ne présente aucune trace de dépôts limoneux.

Cet état de choses règne d'une manière très-uniforme jusqu'au dernier kilomètre touchant le chenal de Dunkerque. Dans cette dernière partie, la largeur de l'estran atteint près de 900 mètres avec une inclinaison de $0^m,007$ à $0^m,008$ jusqu'à la haute mer de morte eau, et de $0^m,003$ dans la zone supérieure. On y trouve quelques traces de dépôts argileux formant des couches superficielles minces et discontinues.

De Dunkerque vers Gravelines, la largeur de l'estran est beaucoup plus considérable. Cette région comprend l'ancien débouché du port Mardick; on y rencontre les relais de mer formés par les alluvions limoneuses de l'intérieur, déposées entre les niveaux des hautes mers, en morte eau et en vive eau.

L'estran présente dans cette région des largeurs de 1,200 à 1,600 mètres, avec une inclinaison de $0^m,010$ à $0^m,015$ par mètre, entre la laisse des basses mers de vive eau et celle des hautes mers de morte eau; il se tient sensiblement de niveau, pour la surface que la mer ne couvre qu'en vive eau.

Au delà des Pollaerts de la passe d'entrée, le talus sous-marin de l'estran se roidit notablement, et le raccordement avec les fonds de 10 mètres de la rade se fait sous une inclinaison d'environ $0^m,05$ à $0^m,07$ par mètre.

Le régime des vents aux environs de Dunkerque est caractérisé par la prédominance des vents d'Ouest, ainsi qu'il résulte des données suivantes, relatives à une période de trois années :

Sur 1,096 jours, on constate :

Vents du Nord au Sud exclusivement, en passant par
l'Est, ou vents d'amont...................... $469^j 12^h$
Vents du Sud au Nord exclusivement, en passant par
l'Ouest, ou vents d'aval...................... $626 12$

TOTAL.................... $1,096^j$

La répartition de détail se fait de la manière suivante pour les diverses aires de vents :

N....	$97^j 14^h$	E...	$172^j 12^h$	S...	$109^j 20^h$	O...	$215^j 22^h$
N.E..	122 4	S.E.	77 6	S.O.	172 1	N.O.	128 17

Les vents du Nord au Sud en passant par l'Ouest sont ceux qui acquièrent le plus d'intensité; on trouve, en effet, sur dix observations de coups de vent :

COUPS DE VENTS

Du Nord....	"	De l'Est. .	1	Du Sud...	"	De l'Ouest.	5
Du N. E....	"	Du S. E...	".	Du S. O...	2	Du N. O...	2

L'observation des courants de marée dans la Manche, dans le Pas de Calais et à l'entrée de la mer du Nord, semble démontrer

que la formation des courants dans ces parages est due à l'interfé-
rence de deux ondes opposées, d'intensités inégales.

On peut résumer comme il suit les directions variables, les reversements et les vitesses maxima des courants, dans la région comprise entre le détroit et l'embouchure de la Tamise :

Dans la zone du large, comprise entre la ligne d'Exmouth au
cap de Barfleur, et une autre ligne traversant la mer du Nord de
Lowestoft à Brielle, on constate des courants directement alternatifs, dirigés successivement vers la région du N. E. et vers la région
du S. O., et dont les reversements retardent d'autant plus, par rapport aux heures des hautes et basses mers au rivage, qu'on s'éloigne
du détroit et de la côte française pour se rapprocher de l'embouchure de la Tamise. Ces retards sont :

    1° Dans le canal anglais :

    Au large de Dungeness, de 4 heures, pour 11 heures d'établissement à
        la pointe;
    Au large de Douvres, de 4 heures, pour 11^{h}14^m d'établissement à
        Douvres;
    Sur le Varne, de 4^{h}20^m, pour 11^{h}14^m d'établissement à Douvres;
    Au large de North-Foreland, de 4^{h}20^m, pour 12^{h}26^m d'établissement à
        Margate;
    Sur les Goodwin, de 5^{h}15^m, pour 12^{h}26^m d'établissement à Margate;
    Au Galloper, de 6^{h}30^m, pour 12^{h}26^m d'établissement à Margate.

    2° Dans le canal français :

    Au large de Boulogne, de 3^{h}30^m, pour 11^{h}26^m d'établissement à Bou-
        logne;
    Au large de Calais, de 4^{h}20^m, pour 11^{h}49^m d'établissement à Calais;
    Au large de Dunkerque, de 5 heures, pour 12^{h}13^m d'établissement à
        Dunkerque.

Ces données sont relatives au maximum du retard des étales,
qui va croissant de la côte au large, et devient constant à une distance de 5 à 6 milles du rivage.

Les vitesses maxima des courants de flot, dans la zone du large, sont, en marées moyennes de vive eau :

Sur la Bassurelle, de 3 milles $\frac{1}{4}$ ou 1^m,80 par seconde ;
Sur les Ridens, de 3 milles $\frac{1}{4}$ ou 1^m,80 par seconde ;
Sur le Colbart, de 3 milles $\frac{4}{10}$ ou 2 mètres par seconde ;
Sur le Sandettié, de 3 milles ou 1^m,50 par seconde ;
Sur le Fall, de 3 milles $\frac{4}{10}$ ou 1^m,70 par seconde.

Les vitesses maxima des courants de jusant, en marées moyennes de vive eau, sont, sur les mêmes points :

Sur la Bassurelle, de 3 milles ou 1^m,50 par seconde ;
Sur les Ridens, de 3 milles ou 1^m,50 par seconde ;
Sur le Colbart, de 3 milles $\frac{4}{10}$ ou 1^m,85 par seconde ;
Sur le Sandettié, de 2 milles $\frac{4}{10}$ ou 1^m,45 par seconde ;
Sur le Fall, de 3 milles $\frac{2}{10}$ ou 1^m,65 par seconde.

En remontant vers le Nord, jusqu'à 4 milles des feux flottants du Galloper et à 45 milles de Calais, dans le canal du plus grand brassiage, on trouve alternativement un courant qui porte vers le N. E. et se confond avec le jusant sortant de la Tamise, et un courant qui se dirige vers le S. O. et qui se confond avec le courant de flot venant de l'onde du Nord. Les vitesses maxima de ces courants, en marées moyennes de vive eau, sont de 2 milles $\frac{2}{10}$ ou 1^m,40 par seconde, pour le flot comme pour le jusant.

Près du littoral, on constate :

Des courants giratoires directs (de gauche à droite en passant par le Nord), près de la côte anglaise ;

Des courants giratoires inverses (de droite à gauche en passant par le Nord), près de la côte française.

Les reversements, ou étales de flot et de jusant, présentent, à peu de distance du rivage de l'Angleterre, un retard de 3 heures à 4 heures $\frac{1}{2}$ sur les hautes et basses mers, de Dungeness à North-Foreland, et, le long du continent, un retard à peu près uniforme de 3 heures à 3 heures $\frac{1}{2}$ sur les hautes et basses mers, de Gris-Nez à la frontière belge.

La direction du courant de flot, au moment de sa plus grande vitesse, porte généralement entre le Nord et le N. E. sur le littoral anglais, et entre le N. E. et l'E. N. E. sur le littoral français, avec des intensités variables de 2 nœuds $\frac{1}{2}$ à 3 nœuds ($1^m,30$ à $1^m,50$ par seconde) le long de la côte anglaise, et de 3 nœuds à 4 nœuds $\frac{1}{2}$ ($1^m,50$ à $2^m,30$ par seconde) le long du continent.

La direction du courant de jusant, au moment de sa plus grande vitesse, porte généralement entre le Sud et le S. O. sur le littoral anglais, entre l'Ouest et le S. O. sur le littoral français, avec des intensités variables de 2 nœuds $\frac{1}{2}$ à 3 nœuds ($1^m,30$ à $1^m,50$ par seconde) le long de l'Angleterre, et de 2 nœuds $\frac{1}{2}$ à 4 nœuds ($1^m,30$ à $2^m,05$ par seconde) le long du continent.

L'influence de l'onde venant de l'Ouest prédomine notablement sur le littoral du continent, et un peu moins sur la portion de la côte anglaise comprise entre Dungeness et South-Foreland; l'intensité de l'onde venant du Nord paraît prépondérante sur la côte de l'Angleterre, de North-Foreland à South-Foreland.

Les retards des reversements ou étales de flot sont :

1° Sur la côte anglaise :

A Dungeness, de 3 heures, pour 11 heures d'établissement à la pointe;
A South-Foreland, de 3 heures, pour $11^h 14^m$ d'établissement à Douvres;
Sur la rade des Dunes, de $3^h\frac{1}{2}$, pour $11^h 41^m$ d'établissement à Ramsgate;
Dans le Gull-Stream, de $4^h\frac{1}{2}$, pour $11^h 41^m$ d'établissement à Ramsgate;
A North-Foreland, de $4^h\frac{1}{2}$, pour $12^h 26^m$ d'établissement à Margate.

2° Sur la côte française :

A Boulogne, de 3 heures au plus, pour $11^h 26^m$ d'établissement à Boulogne;
A Gris-Nez, de $3^h\frac{1}{2}$ au moins, pour $11^h 26^m$ d'établissement à Boulogne;
A Calais, de 3 heures au plus, pour $11^h 49^m$ d'établissement à Calais;
A l'entrée Ouest de la rade de Dunkerque, de 3 heures, pour $12^h 13^m$ d'établissement à Dunkerque;
Dans la rade, de 3 heures, pour $12^h 13^m$ d'établissement à Dunkerque;
A l'entrée Est de la rade (passe de Zuydcoote), de $3^h\frac{1}{2}$, pour $12^h 13^m$ d'établissement à Dunkerque.

Les étales ont lieu 15 à 20 minutes plus tôt dans le canal anglais (Dover strait) que dans le canal français (Pas de Calais).

Les vitesses maxima des courants de flot dans les régions du littoral sont, dans les marées moyennes de vive eau :

1° Sur la côte anglaise :

De 2 milles à 2 milles $\frac{1}{2}$ en général.

2° Sur la côte française :

A Boulogne, de 3 milles ou 1^m,50 par seconde ;
A Gris-Nez, de 4 milles ou 2^m,05 par seconde ;
A Calais, de 4 milles $\frac{1}{10}$ ou 2^m,15 par seconde ;
A l'entrée Ouest de la rade de Dunkerque, de 3 milles ou 1^m,50 par seconde ;
Dans la rade de Dunkerque, de 3 milles $\frac{1}{2}$ ou 1^m,80 par seconde ;
A l'entrée Est de la rade de Dunkerque, de 3 milles $\frac{1}{2}$ ou 1^m,80 par seconde.

Les vitesses maxima des courants de jusant dans les régions du littoral sont, dans les marées moyennes de vive eau :

1° Sur la côte anglaise :

Les mêmes à peu près que les vitesses des courants de flot.

2° Sur la côte française :

A Boulogne, de 2 milles $\frac{6}{10}$ ou 1^m,35 par seconde ;
A Gris-Nez, de 3 milles $\frac{4}{10}$ ou 2 mètres par seconde ;
A Calais, de 4 milles ou 2^m,05 par seconde ;
A l'entrée Ouest de la rade de Dunkerque, de 2 milles $\frac{1}{2}$ ou 1^m,30 par seconde ;
Dans la rade de Dunkerque, de 3 milles ou 1^m,50 par seconde ;
A l'entrée Est de la rade de Dunkerque, de 3 milles ou 1^m,50 par seconde.

Dans ces mêmes régions, les directions des courants de flot

sont, au moment de leurs plus grandes vitesses, dans les marées moyennes de vive eau :

1° Sur la côte anglaise :

A Dungeness, N. E., aux environs du plein ;
A South-Foreland, N. N. E., 1 heure après le plein ;
Sur la rade des Dunes, N. N. E., 1 heure $\frac{1}{2}$ après le plein ;
Dans le Gull-Stream, presque Nord, 1 heure $\frac{1}{2}$ après le plein ;
A North-Foreland, presque Nord, 1 heure $\frac{1}{2}$ après le plein.

2° Sur la côte française :

A Boulogne, N. N. E., trois quarts d'heure après le plein ;
A Gris-Nez, N. N. E., 1 heure après le plein ;
A Calais, N. E., au moment du plein ;
A l'entrée Ouest de la rade de Dunkerque, E. N. E., un peu après le plein ;
Dans la rade de Dunkerque, E. N. E., un peu après le plein ;
A l'entrée Est de la rade de Dunkerque, E. N. E., une demi-heure après le plein.

Les directions des courants de jusant, au moment de leurs plus grandes vitesses, dans les marées moyennes de vive eau, sont :

1° Sur la côte anglaise :

A Dungeness, S. O., aux environs de la basse mer ;
A South-Foreland, S. S. O., 1 heure après la basse mer ;
Sur la rade des Dunes, S. S. O., 1 heure $\frac{1}{2}$ après la basse mer ;
Dans le Gull-Stream, presque Sud, 1 heure $\frac{1}{2}$ après la basse mer ;
A North-Foreland, presque Sud, 1 heure $\frac{1}{2}$ après la basse mer.

2° Sur la côte française :

A Boulogne, S. S. O., un peu après la basse mer ;
A Gris-Nez, S. O., 1 heure après la basse mer ;
A Calais, O. S. O., un peu après la basse mer ;
A l'entrée Ouest de la rade de Dunkerque, O. $\frac{1}{4}$ N. O., un peu après la basse mer ;
Dans la rade de Dunkerque, Ouest, aux environs de la basse mer ;
A l'entrée Est de la rade de Dunkerque, O. $\frac{1}{4}$ S. O., un peu après la basse mer.

Pour les courants giratoires des zones du littoral comme pour les courants directement alternatifs de la zone du large, les vitesses en morte eau sont environ dans le rapport de 5 à 12 avec les vitesses en vive eau, et les maxima ont lieu entre les instants de $\frac{1}{4}$ à $\frac{3}{4}$ de flot et les instants de $\frac{1}{4}$ à $\frac{3}{4}$ de jusant.

Dans les deux cas aussi, quand les vents ne troublent pas le régime spontané des courants, la durée du jusant est supérieure à la durée du flot de 1 heure $\frac{1}{2}$ à 2 heures environ.

Il doit être bien entendu, d'ailleurs, que tous ces courants, tant de flot que de jusant, ne sont indiqués dans les tableaux ci-dessus, que dans des conditions moyennes; car la force et la direction des vents influent d'une manière très-sensible sur la vitesse, la durée et la direction des courants à la surface de la mer. Ainsi, par de grands vents d'Ouest, le flot se prolonge quelquefois, aux environs de Calais, pendant 4 heures $\frac{1}{2}$ ou 5 heures après le moment du plein, tandis qu'avec de grands vents d'Est, il dure seulement 1 heure $\frac{1}{4}$ ou 2 heures après le même moment; on a même observé qu'en morte eau, lorsqu'il vente grand frais de l'O. N. O. au N. N. O., la marée ne reverse pas, et que le courant paraît conserver toujours la même direction à la surface.

En somme, les phénomènes principaux qui paraissent avoir une relation bien établie avec la marche des alluvions sur les deux côtes du détroit et à l'ouvert de la mer d'Allemagne peuvent se résumer ainsi :

Action directe des courants longitudinaux et orbitaires;

Action directe des vents;

Action combinée des vents et des courants, orbitaires dans les zones voisines du littoral, transversaux sur les plages où se produisent des lames qui déferlent avec plus ou moins de violence sur les côtes.

Ces trois causes agissent généralement dans le même sens, et avec les conditions les plus favorables à leurs effets sur les plages de sable orientées parallèlement aux vents régnants.

2.

La marche des alluvions dans ces parages paraît être une conséquence bien établie des actions des vents et des courants; ces
actions donnent lieu à une espèce d'échange continu entre les bancs
et les plages. Des sables provenant de l'Ouest sont transportés par
le flot général de la Manche vers l'entrée de la mer du Nord et
s'ajoutent avec une extrême lenteur aux sables déjà déposés. En ce
qui touche les parages de Dunkerque, on peut dire que, depuis
plus d'un demi-siècle, les plages n'ont avancé que dans les parties soumises à l'influence des travaux de l'homme; que les bancs et
les petits fonds n'ont pas éprouvé de changements bien importants,
et que les grands fonds de plus de 20 mètres en dessous des basses
mers se sont seulement un peu exhaussés.

L'établissement du port à Dunkerque est de 12^h13^m. Les niveaux de la marée rapportés au niveau des basses mers de vive
eau ordinaires sont les suivants :

Basses mers de vive eau extraordinaires............	$- 0^m,45$
—————— de vive eau ordinaires...............	$0^m,00$
—————— de morte eau ordinaires............	$1^m,25$
Hautes mers de morte eau ordinaires.............	$4^m,45$
—————— de vive eau ordinaires...............	$5^m,45$
—————— de vive eau d'équinoxe..............	$6^m,70$

L'unité de hauteur est $2^m,70$, et le niveau moyen de la mer est
$3^m,20$.

Les courbes de marées sont figurées sur le croquis suivant.

PORT DE DUNKERQUE.

Établissement du port 12ʰ 13ᵐ

Ascension moyenne en vive eau 5ᵐ,45

Ascension moyenne en morte eau 4ᵐ,45

Amplitude moyenne en morte eau 3ᵐ,20

Courbe de marée moyenne
de vive eau ordinaire.

Courbe de marée moyenne
de morte eau ordinaire.

Le courant
de flot
porte vers l'Est.

Le courant
de jusant
porte vers l'Ouest.

Les renversements
de courants
s'opèrent
aux environs
de
la mi-marée.

CHAPITRE II.

HISTORIQUE.

Le delta de l'Aa, qui comprend aujourd'hui les wateringues du Nord et du Pas-de-Calais, les ports de Dunkerque, de Gravelines et de Calais, a été longtemps couvert par les hautes mers.

Soixante ans avant Jésus-Christ, la région où s'élève maintenant la ville de Dunkerque était habitée par les Diabintes; vers les dernières années de l'empereur Auguste, ils construisirent des écluses fermant les issues réservées entre les dunes pour l'écoulement des eaux.

Parmi ces écluses, dit Faulconnier, «les unes consistaient en une porte à coulisses, qu'on levait pendant la basse marée pour faire écouler, durant quatre heures, les eaux de la mer dans leur lit naturel, et qu'on abaissait à la haute mer pour empêcher leur passage dans les terres; les autres étaient comme deux battants de porte, qui s'ouvraient par le courant des canaux et qui se fermaient d'eux-mêmes par l'effort du reflux.»

La Flandre resta longtemps sous la domination romaine. Caligula y conduisit une armée de plus de 200,000 hommes, qui pilla entièrement la contrée. Parmi les proconsuls qui la gouvernèrent avec sagesse, on peut citer Domitius Corbulon, sous les règnes de Claude et de Néron.

Ce fut sous le règne de Trajan, vers la fin du 1er siècle, que la religion chrétienne commença à se répandre dans le Nord de la Gaule.

Le successeur de Trajan, Adrien, introduisit en Flandre le droit romain.

Vers la fin du $1v^e$ siècle, en 396, après la division de l'empire romain entre les fils de Théodose, commença l'invasion des bar-

bares. La Flandre se trouva infestée de brigands qui avaient leur retraite dans les marais du delta de l'Aa, si riche et si prospère aujourd'hui.

Vers 420, les Francs firent irruption dans ces contrées, qui, soustraites à la domination romaine, se soumirent aux rois mérovingiens.

Clotaire II y institua, vers 618, des grands officiers, qu'il nomma *forestiers*, pour chasser les bandits des forêts dont la Flandre était encore généralement couverte.

Le premier de ces forestiers fut Lideric Buscam, à qui Clotaire donna le gouvernement de toute la contrée.

En l'an 646, deux siècles après la conquête franque, saint Éloi, natif de Catillac, près de Limoges, et évêque de Noyon, légat apostolique du saint-siége, s'arrêta dans les Dunes, convertit les Diabintes, et fit bâtir une église qui fut nommée *Dune-Kercke* (église des dunes). Telle est l'origine de la ville de Dunkerque.

En 863, le forestier Baudouin, surnommé *Bras-de-Fer*, devint comte de Flandre; le comté de Flandre fut érigé en sa faveur par par le roi Charles le Chauve, dont Baudouin venait d'épouser la fille Judith.

Des pêcheurs étaient venus peu à peu s'établir autour de l'église des Dunes. Baudouin III, comte de Flandre, arrière-petit-fils du premier comte, fit entourer d'une muraille, vers l'an 906, les habitations agglomérées : les habitants commencèrent à se livrer au commerce.

Le plan ci-après, page 16, donne une idée de Dunkerque vers le milieu du xe siècle.

La prospérité de Dunkerque fut troublée, en 1170, par les pirates normands qui infestaient le canal de la Manche. Les secours que la ville eut l'occasion de fournir à Philippe, comte de Flandre et de Vermandois, vers 1186, pour repousser cette nouvelle invasion, attirèrent sur elle la bienveillance de ce seigneur, et lui valurent de nombreux et importants priviléges.

Philippe étant mort en Palestine, en 1192, ses États passèrent à sa sœur, Marguerite, qui épousa Baudouin, comte de Hainaut et de Namur; sa veuve, la princesse Méhaut, reçut pour douaire un certain nombre de villes, Bourbourg, Bergues, Dunkerque, et d'autres dans la basse Flandre. Baudouin partit pour la croisade, et fut élu empereur de Constantinople. Il mourut en Bulgarie, vers 1206, laissant comme seule héritière sa fille Jeanne, qui épousa, en 1211, Ferdinand, prince de Portugal.

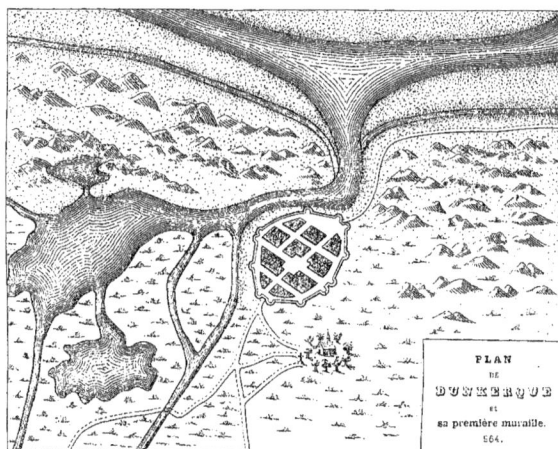

PLAN DE DUNKERQUE et sa première muraille. 1064.

La princesse Méhaut mourut en 1218, et la ville de Dunkerque retourna au comté de Flandre.

Elle en fut séparée de nouveau, peu d'années après, par Ferdinand, prince de Portugal, en faveur de don Laurens, son cousin germain, qui la vendit en 1232 à Godefroy de Condé et de Fontaines, évêque de Cambrai, sous la condition que l'évêque ne la garderait que sa vie durant, et qu'ensuite elle serait restituée aux comtes de Flandre, sans que les héritiers ni les successeurs de l'évêque y pussent rien prétendre.

Godefroy, devenu maître de Dunkerque, travailla à l'embellissement de la ville et à l'amélioration du port : deux jetées en fascinages furent construites pour limiter le chenal et l'approfondir à l'aide des eaux courantes et des marées.

L'évêque de Cambrai, par ces ouvrages, avait considérablement augmenté l'importance de la ville. Lorsqu'il mourut, en 1238, ses héritiers ne voulurent plus la rendre, comme ils en étaient convenus. Jean d'Avesnes, comte de Hainaut, le plus proche parent de Godefroy, renouvela la convention avec la comtesse Jeanne; celle-ci mourut en 1243, laissant le comté de Flandre à sa sœur Marguerite, qui, l'année suivante, le donna par mariage à Guy de Dampierre.

Les héritiers de Godefroy conservaient encore la ville de Dunkerque en 1275, quand le comte Guy, voulant la réunir à son domaine, somma les héritiers de l'évêque de la lui restituer. La remise eut lieu, en effet, mais seulement en 1288, et sous la condition que le comte Guy payerait au dernier détenteur, le comte Baudouin d'Avesnes, durant sa vie et celle de sa femme, une rente double de la somme que Godefroy avait autrefois consenti.

De cette sorte, Dunkerque fut pour la seconde fois réunie au comté de Flandre. Elle en fut séparée de nouveau, en 1300, par le roi de France, Philippe le Bel. Mais, en 1305, les Flamands révoltés forcèrent le roi à rendre Dunkerque au comté de Flandre et à mettre en liberté le comte Guy, qui mourut deux ans après, âgé de quatre-vingts ans.

Robert de Béthune, fils et successeur de Guy, sépara Dunkerque du comté de Flandre et l'érigea en seigneurie particulière en faveur de son fils, Robert de Cassel.

Robert mourut en 1331, laissant pour seule héritière sa fille Iolande, qui épousa bientôt après Henri, quatrième comte de Bar; la seigneurie de Dunkerque sortit ainsi de la maison des comtes de Flandre.

Cette alliance donna les premières armes à la ville de Dunkerque. Elles furent composées d'un écu coupé de Flandre et de Bar : la partie supérieure est d'or au lion rampant de sable; ce sont les armes de la Flandre. La partie inférieure est d'argent au bar, poisson demi-pâmé, armes de la maison de Bar.

Ces armes se sont conservées, sauf quelques changements dans la disposition du lion et du poisson : le lion est devenu passant, et le bar tout à fait pâmé. Plus tard on ajouta un marin armé pour support de l'écu.

Dunkerque resta à la maison de Bar jusqu'au moment (1382) où elle fut assiégée et prise par le roi d'Angleterre, Richard II : il était venu prêter son assistance aux Gantois, en guerre avec les habitants de Bruges, et en révolte ouverte contre le comte de Flandre.

La noblesse flamande, qui s'était assemblée à Dunkerque pour résister aux rebelles, succomba sous le nombre des ennemis dans la bataille du 25 mai 1382, et les vainqueurs s'emparèrent sans peine de Dunkerque, de Bergues, de Bourbourg et de Nieuport.

Mais Dunkerque fut repris la même année par les Français. En 1403, Philippe, fils du roi de France, comte de Flandre et de Bourgogne, accorda à la ville le droit de se fortifier; bientôt les Dunkerquois commencèrent des courses contre les Anglais, et ramenèrent dans leur port des prises considérables.

Ces premières fortifications sont indiquées dans le petit plan ci-contre, page 19, spécimen de la situation de Dunkerque au commencement du XVe siècle. Elles furent construites sous la direction de Justin Aveskerque, bailli de la ville.

Depuis cette époque, la ville de Dunkerque passa successivement aux maisons de Bourgogne, de Luxembourg, de Bourbon et d'Autriche.

L'empereur Charles-Quint en fut mis en possession par la France en 1529, pour partie de la rançon de François Ier.

Elle se trouvait sous la domination espagnole quand, en 1558, dans les premières années du règne de Philippe II, elle fut prise et saccagée par les Français, commandés par le maréchal de Thermes; celui-ci en fut chassé la même année par le comte d'Egmont, gouverneur espagnol de la Flandre.

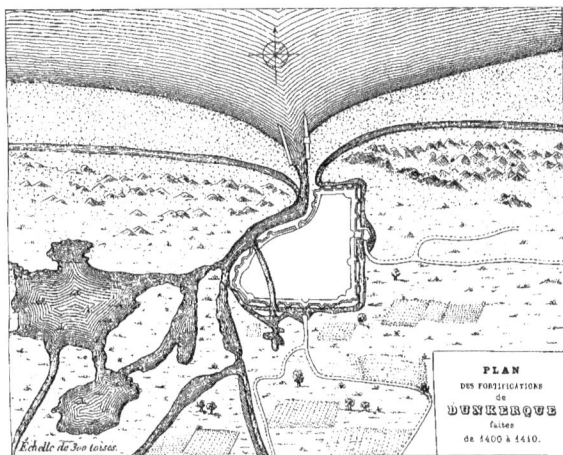

PLAN
DES FORTIFICATIONS
de
DUNKERQUE
faites
de 1400 à 1410.

Échelle de 300 toises.

Les Dunkerquois, rentrés sous la domination espagnole, s'occupèrent du rétablissement de leur ville; mais les troubles qui commencèrent en 1568 dans les Pays-Bas, au sujet de l'inquisition que Philippe II voulait y établir, ne leur permirent pas d'y apporter beaucoup d'activité.

Puis vint une nouvelle occupation française, bientôt suivie d'une nouvelle conquête espagnole. Le duc de Parme, maître de Dunkerque, rétablit complétement le port et la ville (1585).

En 1620, on creusa le canal qui sert à écouler par Dunkerque les eaux des moères.

3.

L'emplacement de l'écluse de la Moëre est indiqué en A sur le plan suivant, qui donne l'état des lieux vers le milieu du xviie siècle.

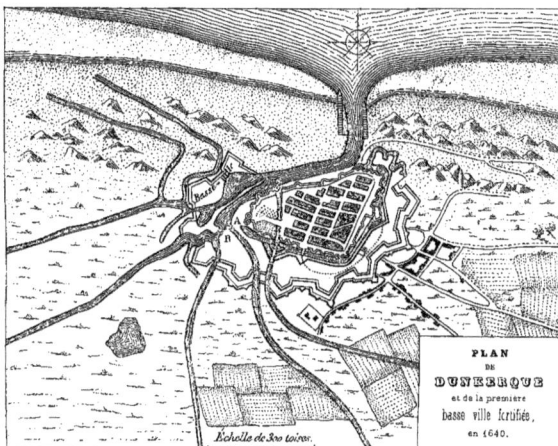

PLAN
DE
DUNKERQUE
et de la première
basse ville fortifiée,
en 1640.

Échelle de 300 toises.

En 1622, les Espagnols construisirent à une lieue à l'Ouest de Dunkerque, sur le bord de la mer, le fort Mardick, destiné à protéger contre les Hollandais l'entrée et la sortie du port.

Douze ans plus tard, en 1634, le gouverneur de Dunkerque et le magistrat de Bergues s'entendirent au sujet de la construction d'une nouvelle écluse, qui fut établie, sur une largeur de 26 pieds, à l'emplacement actuel de l'écluse de l'Arrière-port. Cette convention avait pour but de régler l'usage qu'on devait faire de l'écluse pour améliorer et nettoyer le havre de Dunkerque, en introduisant l'eau de mer dans le canal de Bergues et en donnant des chasses à chaque vive eau. (Voir, au plan ci-dessus, l'écluse de l'Arrière-port, en B.)

Ce fut vers la même époque que l'on proposa pour la première

fois d'ouvrir un canal entre Dunkerque et Bruges : la première
partie de ce canal, de Dunkerque à Furnes, fut terminée en 1638.
L'écluse de Kesteloot, qui fait communiquer ce canal avec le port,
date de la même époque. (Voir, au plan ci-dessus, l'écluse de Kesteloot, en C.)

En 1640, on exécuta l'enceinte de la basse ville (tracée sur le
même plan), comme conséquence des armements considérables
qu'on faisait dans ce port, le plus important que les Espagnols pos-
sédassent en Flandre.

Quatre ans après (1644), la guerre amenait les Français dans
Gravelines, au fort de Mardick et devant Dunkerque, où le prince
de Condé entra en 1646, après avoir contraint, par de brillants
travaux de siége, le marquis de Leyde à capitulation.

Malheureusement, ce dernier, pour défendre la place, avait
ouvert les écluses et introduit la mer dans les canaux; les digues
furent rompues et les moères furent complétement inondées.

Dunkerque devait encore changer de domination avant de faire
définitivement partie de la France : en 1652, le marquis de Leyde
y rentrait comme gouverneur, après capitulation de la place.

C'est à cette époque qu'apparut la première idée d'un canal
entre Dunkerque et Mardick, proposé sous le nom de *canal Ma-
rianne*, en 1653, par Florent van Langren, ingénieur espagnol.

Cet ingénieur, dans un mémoire sur le changement des bancs
de la rade de Dunkerque et de Mardick, en présente les états
successifs dans les quatre petits plans suivants, qui correspondent
aux années 1624, 1625, 1639 et 1645.

DUNKERQUE EN 1624.

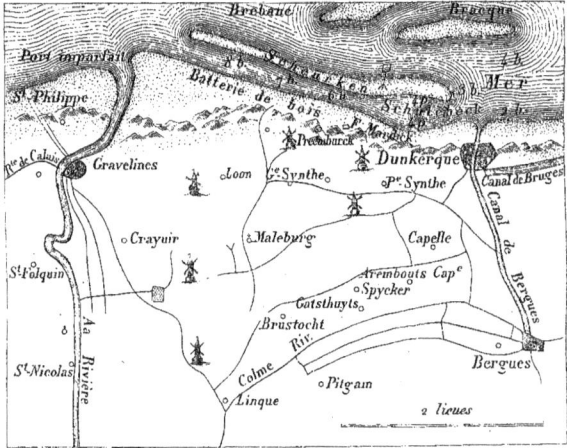

DUNKERQUE EN 1625.

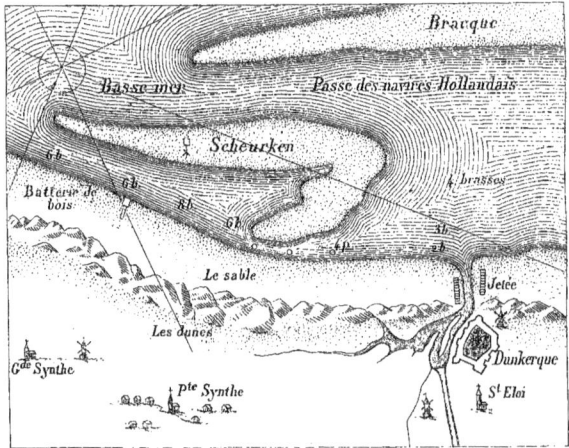

DUNKERQUE EN 1639.

DUNKERQUE EN 1645.

Florent van Langren rappelle que ces altérations avaient été pré-
vues par lui vingt-huit ans auparavant, et qu'il avait proposé, pour
parer aux ensablements, un canal partant de l'extrémité du havre
de Dunkerque, parallèlement à la plage, et se retournant presque
à angle droit, à la hauteur du fort de Mardick, pour aller se jeter
à la mer, avec une écluse à chaque extrémité; il renouvelle avec
instance cette proposition. Dans ce canal, il fera entrer une grande
quantité d'eau salée, qui lui servira à nettoyer et à approfondir les
ports de Mardick et de Dunkerque.

Cet ouvrage resta à l'état de projet, car bientôt, en 1657 et
1658, Turenne reconquit les deux places de Mardick et Dunkerque. Elles furent aussitôt remises aux Anglais, par Louis XIV,
qui, quatre ans plus tard, racheta la seconde moyennant une
somme de 5 millions de francs.

A partir de ce moment, Dunkerque fut pendant cinquante ans
le port privilégié de Louis XIV, de Colbert et de Vauban; les travaux de la place ont occupé la vie entière du grand ingénieur.

Louis XIV la fit entourer de nouvelles fortifications; en même
temps, il autorisa l'ouverture du canal de Bourbourg et prit l'en-
gagement d'y construire une écluse. Le canal fut creusé en 1670;
l'écluse fut bâtie en 1704, à peu près dans les dispositions actuelles.

En 1677, Vauban fut chargé de faire les études nécessaires
à l'amélioration du port. On entama en 1678 l'exécution de ses
projets, qui consistaient : dans la conservation du canal de la fosse
de Mardick et le percement du banc de sable qui couvrait le port,
de manière à ménager deux entrées, l'une par le fort Mardick et
l'autre par la rade; dans la restauration de l'écluse de Bergues,
qui fut réduite à une largeur de 25 pieds; dans l'organisation de
jetées et fascinages propres à défendre le chenal, et dans la construction de forts extérieurs. En outre, un vaste camp retranché
fut établi près de Dunkerque, en 1706, un an avant la mort de
Vauban.

Mais pendant qu'on travaillait à percer le banc de sable qui couvrait le port, on reconnut que le canal de la fosse de Mardick était déjà presque entièrement comblé : on le ferma en 1681 par des fascinages.

C'est aussi à peu près vers le même temps, en 1686, que fut construit le bassin de la Marine, au milieu de l'arsenal.

Ces travaux considérables ne tardèrent pas à inspirer aux Anglais des craintes sérieuses; après avoir fait plusieurs tentatives de bombardement, ils profitèrent des dernières années du grand roi pour obtenir par des traités le résultat qu'ils n'avaient pu atteindre par la force. La désastreuse paix d'Utrecht, signée en 1713, fut la ruine de Dunkerque; la ville, remise aux Anglais en 1712, revint à la France à la condition d'être démantelée : ses forts et écluses durent être démolis, son port comblé, son chenal et ses jetées anéantis.

On trouve dans l'ouvrage de Faulconnier un exposé de l'état du port avant sa destruction. En voici un spécimen, suivi du texte de Faulconnier :

PLAN DES VILLE, PORT, FORTS ET CHENAL DE DUNKERQUE,
SOUS LOUIS XIV, AVANT LEUR DÉMOLITION, EN 1713.

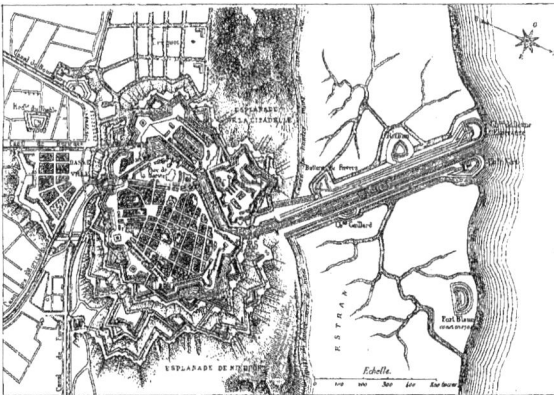

« En arrivant par mer, on découvrait d'abord le Château-Vert et celui de Bonne-Espérance. C'étaient deux bonnes batteries, d'environ cinquante pièces de canon chacune, qui empêchèrent les Anglais de bombarder la ville en 1695, parce qu'elles étaient à la tête de deux jetées de charpente, de 1,000 toises de longueur chacune, qui s'avançaient fort loin dans la mer et qui étaient de plus de 40 toises éloignées l'une de l'autre. On admirait ensuite, à côté de ces deux jetées, deux risbans en maçonnerie, dont le plus grand était du côté de la citadelle et communiquait à la jetée de l'Ouest par un pont de bois.

« En avançant vers le port, on trouvait, vers le milieu de la jetée Est, le Château-Gaillard, qui y communiquait et qui n'était qu'une batterie; mais, de l'autre côté du port et presque en face, il y avait un fort de maçonnerie beaucoup plus considérable, appelé batterie de Revers. Après cela, on ne pouvait assez admirer le chenal, le havre et ensuite le bassin, capable de contenir un grand nombre de vaisseaux. »

On se mit à détruire tous ces grands ouvrages; bientôt le bassin et les écluses furent démolis jusqu'aux fondations, et chaque canal fermé par un batardeau. Deux mille ouvriers travaillèrent à barrer le chenal pendant les six heures de basse mer du 6 août 1714. C'est par là que finit la démolition de Dunkerque, qui coûta au roi 580,000 livres. Les habitants, effrayés des désastres qui menaçaient leur avenir, adressèrent leurs plaintes à M. Leblanc, intendant, et lui rappelèrent le projet de Van Langren.

Ce projet, repris et étudié par M. de Moyenneville, fut approuvé en mars 1714, adjugé en avril et terminé en janvier 1715.

Le canal de Mardick, établi dans de larges proportions, faisait communiquer le havre de Dunkerque avec la mer par une double écluse construite sur l'emplacement de l'ancien fort Mardick; l'un des passages avait 44 pieds de largeur, et l'autre 26. Un chenal avait été pratiqué à l'aval, au travers des dunes les plus basses; des digues le défendaient contre l'ensablement.

Ce canal et ce nouveau port subsistèrent jusqu'en 1717, époque à laquelle, en vertu du traité conclu à la Haye, le grand passage dut être détruit, le petit réduit à 16 pieds de largeur, et les fascinages des deux côtés du nouveau chenal rasés au niveau de l'estran.

Cette nouvelle démolition réduisit Dunkerque à un état déplorable; le commerce tomba totalement, et les eaux croupissantes du vieux port ne tardèrent pas à causer des maladies.

Le plan ci-dessous donne une idée de la ville à cette époque. Le souvenir de son état désastreux n'est pas effacé dans le pays. Encore aujourd'hui, les fièvres intermittentes s'y font un peu sentir dans les périodes d'humidité ou de sécheresse excessives, mais elles sont sans malignité.

PLAN D'ENSEMBLE DES PORTS ET CHENAUX DE DUNKERQUE ET MARDICK
AVEC CANAL MARITIME INTÉRIEUR. 1750 à 1760.

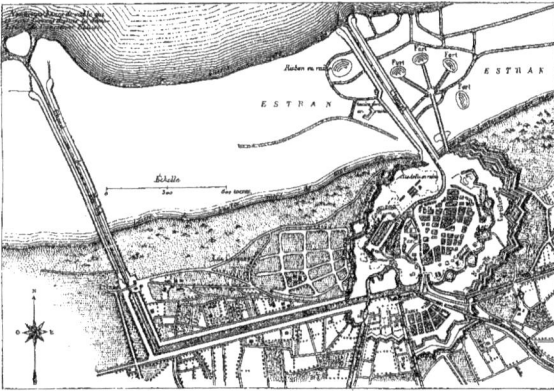

Les matelots, les gens de mer, les ouvriers de marine s'en allèrent presque tous dans les pays étrangers. La ville touchait à sa ruine,

4.

lorsqu'une tempête, et une marée extraordinaire poussée par un vent violent de N. O. rompirent, le 31 décembre 1720, le grand batardeau qui barrait le port, et dont, au bout d'une heure, il ne resta plus aucun vestige.

Encouragée par cet événement, toute la population se mit au travail; on exécuta de petites levées avec des pierres brutes et des matériaux provenant des démolitions du risban et du fort de Revers, et l'on ouvrit dans l'ancien chenal une rigole à l'aval de la petite écluse de Kesteloot.

En 1727, une corvette de pêcheurs, battue du mauvais temps, se hasarda à entrer dans le port, pour éviter un naufrage; d'autres bâtiments pêcheurs y entrèrent bientôt après, et des navires marchands ne tardèrent pas à suivre cet exemple.

Dès lors le commerce s'y rétablit et y prospéra si bien, que les Anglais, en 1730, intervinrent de nouveau pour réclamer la démolition des petites chaussées en pierres brutes; le roi les fit raser.

Mais elles furent bientôt rétablies et de nouvelles difficultés s'élevèrent, en 1731, au sujet de la vanne de Kesteloot; les négociations traînèrent en longueur jusqu'à la paix d'Aix-la-Chapelle (1748). Il fut alors stipulé qu'on détruirait les batteries qui avaient été établies sur l'estran, sans toucher ni aux jetées ni à cette petite écluse.

De 1753 à 1754, on creusa une cunette qui communiquait au canal de la Moëre et qui se déchargeait dans le port par une écluse à deux vannes, de 4 pieds et demi de passage chacune. C'est par le moyen de ce canal qu'on reprit le desséchement des moères.

Les travaux d'amélioration du port furent recommencés en même temps, et l'on vit successivement se relever : l'écluse de Bergues, avec une ouverture de 25 pieds, en 1756; le bassin de la Marine et son écluse, reconstruite sur 44 pieds de largeur au lieu de 42, en 1758; puis les quais en maçonnerie et en charpente du port, jusqu'à l'écluse de la Cunette. On affermit le pied des digues le long du chenal, pour empêcher les chasses de les attaquer.

En 1761 et 1762, on approfondit le canal de Bergues jusqu'au niveau du radier de l'écluse, dont on ôta la porte tournante. Le pont Rouge, construit vers 1747 avec trois passages, dont un avec pont-levis, fut réduit à un seul, de 25 pieds, avec pont tournant. On voulait faire remonter les navires jusqu'à Bergues, où l'on avait disposé un petit bassin pour les recevoir; mais ce projet rencontra tant de difficultés qu'on l'abandonna. C'est à cette occasion qu'on essaya pour la première fois de remplacer la porte de l'écluse de Bergues par deux petites portes tournantes enchâssées dans les portes d'ebbe situées à l'aval.

Tous ces travaux rendaient trop d'importance à Dunkerque aux yeux des Anglais; le traité de Versailles, en 1763, força à détruire les écluses et le canal de la Cunette, le bassin de la Marine et son écluse, et à faire des coupures dans les jetées. Le canal de Furnes et l'écluse de Kesteloot furent respectés, sous condition que l'on n'y ferait jamais de changements. Quant à l'écluse de Bergues, elle fut conservée telle qu'elle était, malgré toutes les difficultés soulevées par les commissaires anglais.

Depuis cette époque jusqu'en 1806, les eaux de la Moère s'écoulèrent par l'écluse de Bergues, et les chasses, qui s'étaient faites de 1758 à 1763 par les trois écluses de la Cunette, de Kesteloot et de Bergues, ne se firent plus que par les deux dernières.

C'est seulement en 1783, à la suite de la guerre des États-Unis, si glorieuse pour notre marine, que la paix de Versailles affranchit définitivement Dunkerque des exigences de l'Angleterre.

La plus grande partie du xviiie siècle avait été employée à lutter contre les commissaires anglais chargés d'empêcher la restauration du port.

Les principaux ouvrages établis à la fin du xviie siècle et détruits vingt-cinq ans après, en exécution du traité d'Utrecht, sont :

L'écluse de l'Arrière-port, dite aussi *écluse de Bergues;*
Les perrés et les cales de construction de l'arrière-port;
Le bassin à flot, dit *de la Marine*, et ses magasins;

Les estacades et jetées du chenal, sur une longueur à peu près égale à la
longueur actuelle (200 mètres de moins environ);
Et les quais en charpente d'une partie du pourtour du port d'échouage.

Les dépenses correspondantes ne sont pas exactement connues;
mais si l'on y ajoute les 5 millions payés à l'Angleterre, en 1662,
pour le rachat du port, on peut évaluer au moins à 20 millions
de francs la somme employée par la France pour constituer sur la
mer du Nord cet établissement maritime, qui devait porter tant
d'ombrage aux Anglais.

En 1785, les officiers du génie militaire n'étaient plus chargés
des travaux maritimes. Les travaux des ports de commerce avaient
successivement passé des attributions du ministre de la guerre et
du ministre de la marine dans celles du contrôleur général, et
l'intendant de Flandre, M. de Calonne, le même qui plus tard devint ministre de Louis XVI, avait imprimé la plus grande activité
aux travaux du port de Dunkerque.

C'est ainsi que, de 1785 à l'an IV, on put arriver à réaliser :

Le rétablissement du bassin de la Marine ;
La construction en pierre des quais de rive gauche du port d'échouage,
dits *quais de la Citadelle* ;
Et le rétablissement des jetées basses et d'une partie des anciennes estacades.

La dépense s'éleva à la somme de 3,922,310 francs.

L'état de Dunkerque alla ainsi en s'améliorant peu à peu par le
rétablissement successif de ses anciens ouvrages.

Interrompus un moment à la fin du Directoire, les travaux
furent repris avec activité sous le Consulat et sous l'Empire. Un
décret du 28 pluviôse an XIII autorisa l'exécution du canal actuel
de la Cunette, de l'écluse du même nom et de l'écluse à sas octogonal, ouvrages qui existent encore et qui sont très-utiles pour les
chasses du port, pour la navigation intérieure et pour les desséchements du pays. Le même décret décidait le rétablissement de
la jetée de l'Est de Vauban, en charpente à claire-voie, sur une

partie des jetées basses. Mais la France possédait à cette époque les bouches de l'Escaut et le port d'Anvers, et l'empereur Napoléon Ier préférait cette position maritime à celle de Dunkerque : une somme de 2,618,590 francs seulement fut affectée à Dunkerque, de 1796 à 1813, tandis que plus de 20 millions étaient consacrés à Anvers.

De 1814 à 1821, on employa 310,883 francs à la construction d'estacades dans la partie d'amont du chenal, et à l'installation d'un pont-levis, avec culées en charpente, entre le port et l'arrière-port d'échouage.

Le port, le chenal et la passe étaient encore, à cette époque, encombrés de sable et de vase, et ne pouvaient donner accès qu'à des bâtiments de 300 tonneaux au plus.

Cette situation fut signalée avec insistance par le conseil général et par les représentants du département. Une loi spéciale, du 20 juin 1821, autorisa l'application d'une somme de 3 millions aux travaux d'amélioration du port de Dunkerque. La somme fut réunie au moyen d'une émission de 3,000 actions de 1,000 francs, remboursables en quinze années. Le département du Nord et la ville de Dunkerque contribuèrent à la dépense et au service des intérêts jusqu'à concurrence de 1,200,000 francs, soit 40,000 francs pour la ville et autant pour le département, pendant quinze ans.

Sur ces ressources et sur les fonds du budget de l'intérieur on exécuta, de 1821 à 1826 :

L'écluse et le bassin des chasses, dont l'usage est des plus précieux pour l'entretien du tirant d'eau du port;

Des quais en pierre sur la rive droite du port d'échouage, sur une longueur de 536 mètres, au prix de 1,958 francs le mètre courant; par une économie regrettable, ces quais furent fondés moins bas que ceux de la citadelle; les fondations plus profondes de ceux-ci ont permis, vers 1858, de creuser le bassin du Commerce à 1 mètre au-dessous de l'ancien niveau du port, tandis que les quais construits sous la Restauration ne permettent pas ce creusement, et sont à refaire ou à reprendre en sous-œuvre;

Des estacades à claire-voie dans la partie d'amont du chenal (à l'Ouest);

Des jetées à claire-voie en charpente, à l'Ouest, sur une partie des anciennes jetées basses;

Et l'établissement d'un petit chantier de construction, tel qu'il existe encore au fond du bassin du Commerce.

La dépense s'éleva à 3,821,120 francs.

On avait en même temps, et jusqu'en 1837, pourvu à l'exécution des ouvrages suivants :

Restauration des radiers à l'amont de l'écluse de Bergues; ils étaient en assez mauvais état depuis que, par mesure défensive, on avait, en 1793, inondé le pays en y faisant entrer les eaux de la mer;

Reconstruction, suivant une nouvelle direction, du pont de la citadelle;

Dévasement général du port;

Coffrage de deux jetées de l'Est et de l'Ouest et restauration de ces jetées, telles qu'elles existent encore maintenant;

Rempiétement et restauration du quai des Hollandais.

Ces travaux coûtèrent 1 million.

Pendant la même période de 1830 à 1840, une somme de 657,756 francs avait été employée, sur le budget du ministère de la marine, au dévasement et à l'entretien du bassin dit *de la Marine*. Construit par Vauban et en partie démoli après le traité d'Utrecht, ce bassin n'avait pas encore été remis au ministre des travaux publics, et il est encore aujourd'hui partiellement dans les attributions du ministre de la marine.

En vertu des lois de 1832 et de 1833, les grands travaux publics, et notamment ceux des ports de commerce, doivent être autorisés par des lois spéciales, portant évaluation de la dépense. Les lois spéciales relatives au port de Dunkerque sont celles des 19 juillet 1837 et 25 mai 1842, à l'aide desquelles on put exécuter les travaux suivants :

Construction du quai en pierre de la Cunette, sur la rive droite de l'avant-port, à la place d'une portion d'estacade à claire-voie;

Construction de jetées en charpente à claire-voie, sur les jetées basses anciennes (de Vauban), exhaussées, et prolongées d'environ 200 mètres;

Construction d'une risberme au pied de la jetée coffrée de l'Ouest, néces-
sitée par l'approfondissement du chenal sous l'action des chasses;

Reconstruction du pont-levis de la citadelle en forme de pont tournant
en charpente;

Restauration de l'estacade à claire-voie de l'Est, et construction de l'épi
des bains.

Le tout a coûté 2,067,268 francs.

On construisit de 1838 à 1846 le grand phare de Dunkerque,
à l'aide d'un crédit spécial de 212,586 francs.

Le port se trouvait ainsi ramené à un état aussi satisfaisant que
celui dans lequel Vauban l'avait établi à la fin du xviie siècle.

La somme employée à cette restauration, de 1785 à 1845, avait
été d'environ 15 millions.

Sur ces 15 millions, 3 à peu près avaient été affectés à des ouvrages qui n'existaient pas sous Louis XIV : l'écluse, le bassin des
chasses et le grand phare; mais ces ouvrages n'auraient pas man-
qué de devenir indispensables dans la première moitié du xviiie siècle,
si le traité d'Utrecht n'avait pas condamné le port à rester en
ruines.

On peut évaluer, d'autre part, à 20 millions environ les dépenses
que la création du port de Dunkerque coûta à la France pendant
les cinquante années qui s'écoulèrent entre l'acquisition définitive
du port (1662) et sa démolition (1713).

Le 16 juillet 1845, une troisième loi spéciale affecta une somme
de 8 millions à des améliorations nouvelles.

Les travaux exécutés à l'aide de cette allocation ont eu pour résultat la transformation de l'ancien port d'échouage et de l'arrière-
port en bassins à flot; on y parvint en construisant deux écluses :
l'une, l'écluse à sas de la Citadelle, a 13 mètres; l'autre, l'écluse
de barrage, a 21 mètres de largeur. Leurs seuils sont établis au
niveau de la passe d'entrée du chenal, c'est-à-dire à 1 mètre au-
dessous du niveau le plus bas qu'ait jamais présenté le fond du
port.

5

La même loi assurait aussi l'exécution d'un nouveau canal pour l'écoulement des eaux du pays.

La question des desséchements se liant intimement à celle des chasses du port, on a disposé les ouvrages de manière à réaliser dans le système des chasses d'importantes améliorations.

A ces travaux se sont ajoutés, en dehors des prévisions primitives, sans que l'allocation de 8 millions ait été dépassée :

> Un approfondissement général de 1 mètre dans le port d'échouage et les bassins ;
> La reconstruction en fer du pont tournant de l'écluse de la Marine ;
> La restauration de l'écluse de Bergues ;
> L'addition d'un nouveau pertuis à l'écluse du pont Rouge, pour l'amélioration des desséchements du pays ;
> Les expropriations nécessaires à l'élargissement des terre-pleins des quais de rive droite du nouveau bassin du Commerce ;
> Et quelques travaux de fortifications et autres accessoires, nécessités par l'ensemble des créations ainsi réalisées.

Ces travaux se terminaient, vers 1861, quand l'énorme extension que le commerce du port de Dunkerque avait prise depuis l'ouverture du chemin de fer et la mise en usage du nouveau bassin à flot, détermina le gouvernement à attribuer à Dunkerque une nouvelle allocation de 15 millions, qui fit l'objet d'un décret impérial promulgué à la date du 14 juillet 1861.

Ce décret comportait l'autorisation d'entreprendre l'exécution des ouvrages suivants :

> La construction d'un nouveau bassin à flot, sur l'emplacement des fortifications de l'Ouest, avec deux écluses de 21 mètres de largeur, l'une à sas, pour les communications directes avec le port d'échouage, l'autre simple, pour les communications avec les anciens bassins ; ce nouveau bassin, dit *bassin de l'Ouest*, devait être garni de murs de quai seulement du côté de la ville et en retour des écluses ;
> L'élargissement du port d'échouage, et la construction d'un quai en bois en aval de l'écluse d'entrée de ce nouveau bassin ;

La construction de deux formes de radoub, l'une de très-grandes dimensions, au fond du nouveau bassin, l'autre de dimensions moyennes,
entre le bassin des chasses et l'avant-port, pouvant permettre aux
constructeurs de navires d'établir des chantiers sur les rives du bassin
des chasses;

La reconstruction du pont tournant de la Citadelle et l'achèvement des
quais du bassin du Commerce;

Enfin le déplacement des fortifications, dont les fossés doivent former de
vastes réservoirs munis d'écluses de chasses, pour assurer le plus grand
approfondissement possible du chenal et de la passe d'entrée.

Ces ouvrages furent commencés en 1862 à l'aide des ressources ordinaires des budgets annuels du ministère des travaux
publics, et continués ainsi jusqu'en 1869.

Les dépenses faites dans cette période de sept années s'élevèrent
à la somme de 3,400,000 francs, à raison de 500,000 francs par
an à peu près.

Dans ces conditions, il aurait fallu attendre encore vingt-trois
ans pour voir l'achèvement de ces améliorations, si l'on ne venait
pas en aide à l'État par quelque combinaison financière qui permît
d'y affecter chaque année des allocations supérieures à celles dont
il avait pu disposer jusqu'alors.

Dès 1867, la ville s'était mise en instance auprès du gouvernement pour obtenir, par application des lois sur la marine marchande, un droit de péage, moyennant lequel elle offrait à l'État
de lui avancer, en six années, une somme de 12 millions pour
hâter l'achèvement des travaux restant à faire. Cette offre, favora-
blement accueillie par les Chambres, fut consacrée par une loi du
20 mai 1868.

Grâce à cette combinaison, on put, dès 1869, pousser les travaux avec plus d'activité, et, malgré les déplorables événements
politiques de 1870-1871, on arriva à dépenser, en quatre ans,
une somme de 4,600,000 francs, à raison de 1,150,000 francs
par an, non compris le service des annuités. L'emprunt de la ville
pourra être amorti à la fin de l'année 1881.

Dans ces conditions, les résultats des ouvrages exécutés sur la dernière allocation du décret du 14 juillet 1861 peuvent se résumer comme il suit, à la fin de l'année 1872 :

> Améliorations, dégagements et aménagements, dans les plus larges limites possibles, des terre-pleins et voies de circulation des anciens bassins;
>
> Commencement des travaux relatifs à la création des nouveaux réservoirs de chasses dans les fossés de la fortification de l'Ouest;
>
> Améliorations partielles dans l'avant-port et le chenal;
>
> Commencement de la démolition des anciennes fortifications de l'Ouest et de la construction de l'écluse à sas à l'entrée du nouveau bassin de l'Ouest;
>
> Améliorations et reconstructions partielles d'anciens ouvrages du port, qui menaçaient ruine, faute d'entretien;
>
> Achèvement des nouvelles fortifications à l'Ouest, et commencement de la nouvelle enceinte à l'Est.

Enfin, de 1862 à 1872, on s'est aussi occupé de l'éclairage et du balisage de la rade de Dunkerque et des bancs de Flandre, et l'on a employé une somme de 1 million à la création de trois feux flottants et à l'installation de bouées en tôle, qui assurent aujourd'hui la sécurité de la navigation dans ces difficiles parages. La rade comporte maintenant une fréquentation annuelle de plus de 1,000 navires, qui y mouillent et y stationnent par tous les temps.

Pour résumer cet historique du port de Dunkerque, on peut dire, en laissant de côté les dépenses faites avant 1662 par les divers possesseurs sous la domination desquels la ville a successivement passé, que la France y a certainement dépensé, depuis deux siècles, une somme d'environ 53 millions, et que cette somme sera de plus de 60 millions dans quelques années, après l'achèvement des travaux du décret de 1861.

CHAPITRE III.

DESCRIPTION DE LA RADE; ÉCLAIRAGE, BALISAGE ET SIGNAUX DE MARÉE.

Dans les conditions hydrographiques et géographiques indiquées ci-dessus, la rade de Dunkerque s'étend depuis la frontière de Belgique jusque par le travers de Gravelines, parallèlement à la côte, sur une longueur de 20 kilomètres et sur une largeur de plus de 1 kilomètre. Elle présente de très-bonnes conditions de mouillage; le tirant d'eau y est de 12 à 15 mètres en basse mer. Elle est accessible par deux passes, celle de l'Est et celle de l'Ouest; mais le régime des courants de marée du littoral fait que les navires de plus de 200 tonneaux ne l'attaquent guère que par la passe de l'Ouest.

Les reversements de courants ont lieu à mi-marée, et par suite les maxima de vitesse du courant de flot par le travers de l'entrée des ports se produisent au plein de la mer, circonstance qui ajoute encore aux embarras produits par les bancs de Flandre. Mais l'organisation d'un bon service de remorquage, l'éclairage flottant et le balisage ont, depuis huit à dix ans, considérablement aplani tous les obstacles, en facilitant l'entrée et la sortie du port pour les grands navires, et en rendant la rade accessible en tous temps aux bâtiments du plus fort tonnage.

Pendant le jour, les navigateurs trouvent aux approches des bancs de Flandre un balisage composé de sept bouées en tôle de grandes dimensions, qui signalent la limite extérieure des bancs, depuis le banc de Bergues jusqu'à l'extrémité occidentale de l'Out-Ruytingen, et qui sont disposées comme il suit :

BANC DE BERGUES. — Bouée noire n° 1, avec voyant en forme de sphère, par 20 mètres de profondeur d'eau au N. 10°O. du phare de Dunkerque. Latitude, 51° 16′ 25″; longitude, 0° 2′ 0″ O.

Grand banc d'Out-Ruytingen. — Bouée noire n° 3, avec voyant composé de deux cônes accolés par la base, à l'extrémité N. E. du banc, par 18 mètres de profondeur d'eau et au N. 40° O. du phare de Dunkerque. Latitude, 51°12′9″; longitude, 0°10′39″ O.

Bouée noire n° 5, avec voyant cylindrique au milieu de la longueur du banc, par 16 mètres de profondeur d'eau au N. 59° O. du phare de Dunkerque et au N. 38° E. du phare de Calais. Latitude, 51°9′8″; longitude, 0°14′51″ O.

Bouée noire n° 7, avec voyant conique, la pointe en haut, à l'extrémité S. O. du banc, par 15 mètres de profondeur d'eau, au N. 31° O. du phare de Gravelines et au N. 30° E. du phare de Calais. Latitude, 51°7′15″; longitude, 0°20′18″ O.

Petit banc d'Out-Ruytingen. — Bouée rouge n° 2, avec voyant conique, la pointe en bas, à l'extrémité Nord du banc, par 12 mètres de profondeur d'eau, au N. 42° O. du phare de Gravelines et au N. 19° E. du phare de Calais. Latitude, 51° 7′ 24″; longitude, 0°23′41″ O.

Bouée rouge n° 4, avec voyant composé de deux cônes réunis par le sommet, à l'extrémité Sud du banc, par 20 mètres de profondeur d'eau, au N. 50° O. du phare de Gravelines et au N. 19° E. du phare de Calais. Latitude, 51° 6′ 2″; longitude, 0°24′28″ O.

Bouée à damier noir et blanc n° 9, avec voyant composé d'un cône surmonté d'une sphère, à l'extrémité Ouest du banc, par 12 mètres de profondeur d'eau, au N. 61° O. du phare de Gravelines et au N. 2° E. du phare de Calais. Latitude, 51° 5′ 23″; longitude, 0° 28′ 32″ O.

A l'entrée de la passe comprise entre l'Out-Ruytingen et l'In-Ruytingen, un ponton de 150 tonneaux, peint en rouge, mouillé par 15 à 20 mètres de profondeur d'eau de basse mer, à 11 milles $\frac{1}{2}$ au N. 32° O. du phare de Dunkerque, portant une sphère rouge en tête de mât et le nom de *Ruytingen* inscrit sur ses flancs.

La rade elle-même est balisée à l'aide de douze bouées en tôle, de diverses dimensions, signalant les limites Nord et Sud et les entrées de l'Est et de l'Ouest dans les conditions suivantes :

Partie orientale :

Entrée de la passe de l'Est ou de Zuydcoote, côté Est de la passe, une bouée noire conique de grandes dimensions, portant le numéro 1 et le nom de *Trapegeer*.

Même entrée, côté Ouest de la passe, une bouée rouge en forme de tronc de cône, surmontée d'une sphère portant le numéro 2 et le nom de *Hills-Bank*.

Passe de l'Est ou de Zuydcoote, côté Ouest de la passe, entrée de la rade, une bouée rouge, comme la précédente, portant le numéro 4 et le nom de *Hills-Bank*.

Côté Nord de la rade, à l'Est et au Nord du port, deux bouées rouges, comme la précédente, portant les numéros 6 et 8 et le nom de *Braeck-Bank*.

Partie occidentale :

Entrée de la passe de l'Ouest, côté Nord de la passe, une bouée de grosses dimensions, à cloche et à miroir, colorée à bandes rouges et noires.

Côté Nord de la rade, à l'Ouest du port, une bouée noire en forme de tronc de cône, surmontée d'une sphère et portant le numéro 1 et le nom de *Snouw;* puis deux autres semblables portant les numéros 3 et 5 et le nom de *Braeck-Bank*.

Côté Sud de la rade, à l'Ouest du port, trois bouées rouges en forme de tronc de cône, surmontées d'une croix et portant les numéros 2, 4 et 6 et le nom de *Mardick*.

A l'entrée de la passe de l'Ouest, un ponton de 150 tonneaux, peint en rouge, mouillé par 20 mètres de profondeur d'eau de basse mer, à 5 milles au N. 49° E. du phare de Gravelines, portant une sphère rouge en tête de mât et le nom de *Snouw* inscrit sur ses flancs.

Puis, à 6 milles environ dans l'Ouest du précédent, un autre ponton de 200° tonneaux, également peint en rouge, mouillé par 20 mètres environ de profondeur d'eau de basse mer, à 3 milles $\frac{1}{5}$ au N. 34°O. du phare de Gravelines, portant deux sphères rouges en tête de ses deux mâts et le nom de *Dyck* inscrit sur ses flancs.

Pendant la nuit, les phares du cap Gris-Nez, de Calais et de la pointe de Walde combinent leurs feux avec ceux de Gravelines, de Ruytingen et de Dunkerque, et donnent aux navigateurs les indications nécessaires pour éviter les bancs de Flandre.

Le phare de Dunkerque, situé à 800 mètres au S. E. $\frac{1}{4}$ S. de la tête des jetées, est un feu dioptrique de premier ordre, de 25 milles de portée; les éclipses se succèdent de minute en minute. Le foyer est à 57 mètres au-dessus du sol et à 59 mètres au-dessus des hautes mers, par 51°2′59″ de latitude et 0°1′41″ de longitude Est.

Le phare de Gravelines, situé au petit Fort-Philippe, à l'origine de la jetée du N. E. du port, est un feu fixe de troisième ordre, dioptrique, et de 14 milles de portée. Son foyer est à 27 mètres au-dessus du sol et à 29 mètres au-dessus des hautes mers, par 51°0′18″ de latitude et 0°13′40″ de longitude Ouest.

Le phare flottant de Ruytingen est un feu rouge catoptrique; les éclipses se succèdent de 30 en 30 secondes; il est placé sur le ponton de 150 tonneaux indiqué plus haut; sa portée est de 11 milles. Le foyer est à 10 mètres au-dessus de la mer, par 51°12′52″ de latitude et 0°8′ de longitude Ouest.

Les sphères lumineuses de ce feu flottant, des phares de Walde et de Gravelines, et du feu flottant belge de Westhinder, complètent l'éclairage du chenal que doivent suivre les navigateurs entre le détroit et la mer du Nord, et leur permettent de se tenir le plus sûrement possible au large des bancs de Flandre.

Ceux qui doivent atterrir vers Calais, Gravelines ou Dunkerque, se guident sur un autre feu flottant, mouillé à peu près dans le prolongement du chenal de Gravelines : le Dyck, ponton de 200 tonneaux, mentionné plus haut dans le balisage de la rade, porte deux feux fixes, catoptriques, blancs, dont la portée est de 11 milles. Ses foyers sont à 10^m,50 et à 7 mètres au-dessus de la mer, par 51°3'8" de latitude et 0°16'40" de longitude Ouest.

En prenant ce feu par le phare de Dunkerque, le navigateur venant de l'Ouest a la direction qu'il doit suivre pour gagner la rade. Vu un peu à gauche du phare de Gravelines, il donne la route à tenir pour passer entre le petit banc et le grand banc de l'Out-Ruytingen. La ligne qui joint le phare de Gravelines au feu flottant de Ruytingen passe entre les bancs Dyck et les bancs Ruytingen, et indique aux navigateurs venant du Nord la route à tenir pour entrer dans la rade de Dunkerque, sans doubler à l'Ouest toute la partie occidentale des bancs Ruytingen.

Enfin, l'éclairage spécial de la rade est complété par un troisième feu flottant, le Snouw, feu fixe rouge, catoptrique, placé sur un ponton de 150 tonneaux. Il a 7 milles de portée. Son foyer est à 10 mètres au-dessus de la mer, par 51°3'32" de latitude et 0°7'34" de longitude Ouest.

Pris l'un par l'autre, les feux flottants de Snouw et de Dyck indiquent le gisement de la rade, depuis son entrée à l'Ouest jusqu'à l'Est du port de Dunkerque.

On passe de la rade dans le port en prenant l'un par l'autre deux fanaux placés à l'extrémité des jetées.

Celui de la jetée de l'Ouest est un feu fixe rouge, sidéral, à gros bec, de quatrième ordre, catoptrique et de 4 milles de portée. Son foyer est à 4^m,50 au-dessus du sol et à 7^m,50 au-dessus des hautes mers.

Celui de la jetée de l'Est est un feu fixe vert, de quatrième ordre, dioptrique et de 3 milles de portée. Son foyer est à 5 mètres au-dessus du sol et à 8 mètres au-dessus des hautes mers, par 51°3'25" de latitude et 0°1'22" de longitude Est.

Un troisième fanal est allumé au sommet de la tour de Leugenaer, à 2,200 mètres au S. 39° E. de l'entrée des jetées; c'est un feu fixe, blanc, photophore à petit bec, de quatrième ordre, catop-

6

trique et de 12 milles de portée. Son foyer est à 24 mètres au-
dessus du sol et à 26 mètres au-dessus des hautes mers, au haut
d'une tour octogonale située en ville, à peu près au sommet de
l'angle formé par la direction du chenal et celle des bassins à flot.
Ce feu projette sa plus vive lumière dans la direction du chenal
d'entrée. A droite et à gauche de cette direction, le feu est visible
en temps ordinaire jusqu'à la distance de 5 à 6 milles, mais seulement dans un espace angulaire de 10 à 12 degrés.

Pour compléter ces renseignements, il est bon de rappeler que
la coloration des bouées est régie sur toutes les côtes françaises par
une loi très-nette, et que les signaux de marée se font à l'entrée de
tous les ports suivant un système uniforme.

La loi relative à la coloration et au numérotage des bouées est
appliquée comme il suit sur les côtes du département du Nord :

Toutes les bouées que les navigateurs venant du large doivent
laisser à tribord sont peintes en rouge avec couronne blanche
au-dessous du sommet; celles qui doivent être laissées à bâbord
sont peintes en noir; celles qui peuvent être laissées indifférem-
ment de l'un ou de l'autre côté sont peintes en bandes horizontales, alternativement rouges et noires.

Ces couleurs peuvent être uniformes ou distribuées suivant des
dessins qui se détachent sur fond blanc : damiers, losanges, bandes
verticales ou horizontales.

Les bouées d'appareillage sont peintes en blanc.

On inscrit sur chaque bouée, soit en entier, soit en abrégé, le
nom du banc ou de l'écueil qu'elle signale; on donne en outre
une suite de numéros à celles qui appartiennent à une même passe
ou à un même groupe de bancs. Ces numéros ont leur point de
départ du côté du large; les numéros pairs sont affectés aux
bouées que le navigateur venant du large doit laisser à tribord,
c'est-à-dire à celles qui sont peintes en rouge, et les numéros im-
pairs à celles qu'il doit laisser à bâbord, c'est-à-dire aux bouées
noires.

Les signaux de marée se font, à l'entrée du port de Dunkerque,
à l'aide d'un mât de signaux muni d'une vergue et installé à l'extrémité de la jetée Ouest. Ces signaux indiquent, pendant le jour,
les hauteurs de la marée de 25 en 25 centimètres, à partir de
2 mètres au-dessus du zéro des cartes marines; ils sont produits
au moyen de ballons et de pavillons hissés sur le mât et la vergue.

Un ballon placé à l'intersection du mât et de la vergue annonce
une profondeur d'eau de 3 mètres dans toute la longueur du chenal. Chaque ballon placé sur le mât au-dessous du premier ajoute
1 mètre à cette hauteur d'eau; placé au-dessus, il ajoute 2 mètres.
Hissé à l'extrémité de la vergue, un ballon représente 25 centimètres quand le navigateur le voit à gauche du mât, et 50 centimètres quand il le voit à droite.

Le mouvement de la marée est indiqué à l'aide d'un pavillon
blanc avec croix noire et une flamme noire en forme de guidon.
Ces pavillons sont hissés dès qu'il y a 2 mètres d'eau dans le chenal, et sont amenés dès que la mer est redescendue à ce même
niveau. Pendant toute la durée du flot, la flamme est au-dessus
du pavillon; elle est amenée au moment de la pleine mer, et reste
amenée pendant la durée de l'étale; enfin, la flamme est placée
au-dessous du pavillon pendant le jusant.

Lorsque l'état de la mer interdit l'entrée du port, tous ces signaux sont remplacés par un pavillon rouge hissé au sommet du
mât.

Les signaux pourraient être faits de nuit, en substituant des
fanaux aux ballons. Mais les signaux de nuit n'ont pas encore été
mis en pratique.

CHAPITRE IV.

DESCRIPTION DU PORT.

La première partie du port de Dunkerque, en venant du large, se compose d'un chenal, d'un avant-port et d'un port d'échouage, qui sont, sur toute leur étendue, soumis aux mouvements alternatifs des marées.

La longueur totale du chenal, de l'avant-port et du port d'échouage pris ensemble, est de 2,100 mètres; la largeur moyenne, de 60 à 70 mètres. Le tirant d'eau est de 5 à 6 mètres, suivant les marées.

Le chenal proprement dit a environ 800 mètres de long; il est bordé de chaque côté par des jetées en charpente, partie mi-coffrées, partie à claire-voie.

L'avant-port a environ 650 mètres de long; il est bordé de chaque côté par des estacades en charpente. Des terre-pleins soutenus par des talus perreyés existent en arrière de ces estacades. La superficie de l'avant-port susceptible d'être affectée au stationnement des navires peut être évaluée à 3 hectares.

Le port d'échouage est séparé de l'avant-port par les deux écluses du fort Revers et de la Cunette. Sa longueur est de 670 mètres; il comprend à peu près 900 mètres de quais, dont 600 mètres en pierre et 300 mètres en bois. La superficie du port d'échouage susceptible d'être affectée au stationnement des navires peut être estimée à 4 hectares. La surface de quais réservée au mouvement des marchandises est d'environ 13,000 mètres carrés.

Dans le fond du port d'échouage, deux écluses établissent la communication entre le port d'échouage et les bassins à flot.

Ceux-ci sont au nombre de trois, savoir :

Le bassin du Commerce;

Le bassin de la Marine;

Le bassin de l'Arrière-port.

Les deux derniers communiquent avec le premier, l'un par une écluse simple, et l'autre par un pertuis non éclusé, couvert d'un pont tournant, le pont de la Citadelle.

Le bassin à flot du Commerce a 500 mètres de long sur 110 de large, et présente une superficie d'eau de 5 hectares et demi; il est bordé sur 845 mètres de quais en pierre, comportant environ 12,000 mètres carrés de surface disponible pour le mouvement des marchandises; le reste de ses rives sert de chantiers de construction.

Le bassin à flot de la Marine a 300 mètres de long sur 100 de large et présente une superficie d'eau de 3 hectares; il est bordé sur tout son pourtour de quais en pierre, qui offrent environ 10,000 mètres carrés de surface pour le mouvement des marchandises.

Le bassin à flot de l'Arrière-port a 300 mètres de long sur 80 mètres de largeur moyenne et présente une superficie d'eau de 2 hectares et demi; il est bordé de 125 mètres de quais en bois, comportant environ 1,500 mètres carrés de surface. Le reste de ses rives sert de chantier de construction.

Ces bassins à flot communiquent avec les canaux de navigation intérieure par une écluse à sas située au fond du bassin de l'Arrière-port.

Les écluses qui desservent les bassins à flot sont ainsi au nombre de quatre :

Deux, les écluses de la Citadelle et de barrage, servent aux communications avec le port d'échouage;

Une, l'écluse de la Marine, à la communication des bassins du Commerce et de la Marine;

Une, l'écluse de l'Arrière-port, dite aussi *écluse de Bergues*, à la communication intérieure avec les canaux.

L'écluse de la Citadelle est une écluse à sas, présentant 50 mètres de longueur franche et 13 mètres de largeur de sas.

L'écluse de barrage est une écluse simple, de 21 mètres de large.

L'écluse de la Marine est une écluse simple, de 16 mètres.

Ces trois écluses ont leurs buscs établis à 90 centimètres au-dessous des basses mers de vive eau moyennes, et ont 6^m,35 de profondeur en vive eau et 5^m,20 en morte eau. Elles sont munies de portes-valets avec des vannes dans les portes d'ebbe; elles n'ont pas de portes de flot.

L'écluse de l'Arrière-port est une écluse à sas, présentant 33 mètres de longueur franche et 8^m,12 de largeur.

Le busc de l'écluse de l'Arrière-port est établi à 34 centimètres au-dessus des basses mers de vive eau moyennes, ce qui, eu égard au niveau normal des canaux, assure à la batellerie un tirant d'eau de 2^m,30 sur le busc d'amont de cette écluse. Elle est munie de deux paires de portes d'ebbe et de deux paires de portes de flot.

En résumé, le port de Dunkerque comprend trois bassins à flot qui communiquent avec la mer, avec les canaux de l'intérieur et entre eux, par quatre écluses, dont une affectée exclusivement à la batellerie; il contient 18 hectares de superficie affectée au stationnement des navires, dont 11 hectares de bassin à flot et 7 hectares de port d'échouage; 2,570 mètres courants de quais; 36,500 mètres carrés de surface de quais affectée au mouvement des marchandises.

Les écluses des bassins à flot pourraient suffire à un mouvement double de celui que l'on constate actuellement.

Il résulte, en effet, d'observations régulières faites depuis vingt ans à l'écluse de la Citadelle, que l'on peut approximativement fixer comme il suit les moyennes du temps des manœuvres :

Sassée double. .
{ 1 navire entrant, 4 navires sortants. . . . 50 minutes.
{ 1 navire entrant, 1 navire sortant. 35

Sassée simple. .
{ 4 navires entrants ou sortants. 30
{ 1 navire entrant ou sortant. . . . . . 20 à 25

On entend par *sassée* l'ensemble des manœuvres nécessaires pour l'entrée ou la sortie des navires, en supposant le sas ramené, à la fin de l'opération, dans l'état où il se trouvait au commencement.

La durée d'une sassée se compose de deux éléments :

L'un, constant, correspond aux manœuvres des portes, au jeu des vannes et aux variations du plan d'eau ;

L'autre, variable, correspond au halage et à l'arrimage des navires.

La durée totale de l'élément constant est d'environ 15 minutes.

L'élément variable, c'est-à-dire le temps employé aux opérations de halage, d'arrimage et d'amarrage des navires dans le sas, et aux manœuvres inverses pour la sortie, est le plus important dans la durée totale.

Il varie avec le nombre des navires : il faut environ 5 minutes pour haler dans le sas ou déhaler au dehors un navire isolé, tandis qu'il faut compter 8 ou 10 minutes quand on peut comprendre quatre navires à la fois, ce qui arrive très-communément à Dunkerque.

Si une même sassée est utilisée pour faire sortir quatre navires du bassin et pour y faire entrer quatre autres navires, elle dure beaucoup plus longtemps qu'une sassée dans laquelle il ne se présenterait que des navires allant dans le même sens.

C'est pour cela que l'on distingue les *sassées doubles* des *sassées simples* : les unes utilisent successivement l'ensemble des manœuvres pour des entrées et pour des sorties ; les autres laissent sans emploi utile l'une des deux périodes, faute de navires se dirigeant en sens opposé.

L'écluse à sas de la Citadelle peut assurer, en une marée, le passage de 50 navires, d'un tonnage moyen de 100 tonneaux de jauge, ainsi répartis :

Avant l'étale... 16 navires, 1,600 tonneaux, 2 sassées doubles. $1^h 40^m$

Pendant l'étale . 18 navires, 1,800 tonneaux............... $1^h 00^m$

Après l'étale ... 16 navires, 1,600 tonneaux, 2 sassées doubles. $1^h 40^m$

Totaux.... 50 navires, 5,000 tonneaux. .... $4^h 20^m$

L'écluse de barrage, qui n'a pas de sas, augmente la facilité des mouvements en permettant de faire passer 20 navires pendant l'étale; ce qui porte à 70 le nombre des navires auxquels on peut faire franchir, en une seule marée, les écluses du bassin du Commerce; le tonnage total correspondant est de 7,000 tonneaux.

L'écluse du bassin de la Marine est munie de vannes dans ses portes d'ebbe et de portes-valets; grâce à ces dispositions, le bassin de la Marine est indépendant du bassin du Commerce. En temps de crues extraordinaires dans l'intérieur du pays, elles donnent la possibilité d'ouvrir aux inondations un supplément de débouché.

Les portes-valets sont encore utiles lorsque, dans les cas exceptionnels de chômage du bassin du Commerce, il survient des gros temps qui nécessitent le soutien des portes busquées au moment de la pleine mer.

Les manœuvres de ces écluses, pour la navigation maritime, ne présentent d'ailleurs rien de particulier, si ce n'est les précautions à prendre quand le niveau du bassin du Commerce est abaissé outre mesure pour les besoins des chantiers de construction. Ces chantiers occupent, comme on l'a vu, une portion de la rive droite du bassin du Commerce et la plus grande partie des rives du bassin de l'Arrière-port.

Il faut alors caler les portes busquées sous la charge totale de la retenue du bassin à la pleine mer qui précède l'abaissement; cette opération a pour effet de soulager les colliers et les assemblages, les portes ne souffrant jamais plus que lorsqu'elles ne sont pas chargées d'une bonne hauteur d'eau.

Le port de Dunkerque est dans des conditions avantageuses au point de vue des communications avec les voies navigables de la France et de la Belgique.

Les bateaux de canaux, appelés *bélandres* dans le langage usuel de la batellerie du Nord, arrivent à Dunkerque par trois canaux de l'intérieur, qui sont :

Le canal de Bourbourg;

Le canal de Bergues;

Le canal de Furnes.

Les deux premiers sont des canaux de l'État, à grande section, dépendant du service de l'arrondissement de Dunkerque. Le tirant d'eau n'est encore que de 1^m,50 pour le canal de Bourbourg. Une partie des canaux de la ligne navigable de Dunkerque à Paris a un tirant d'eau de 1^m,80.

Le canal de Furnes est un canal concédé ; il a même section que les deux premiers, et même tirant d'eau que le canal de Bourbourg.

Le canal de Bourbourg amène à Dunkerque la batellerie de l'intérieur de la France.

Le canal de Bergues dessert une navigation plus restreinte entre Dunkerque et divers points de la haute et de la basse Colme.

Le canal de Furnes dessert, en partie, les communications entre le port de Dunkerque et les voies navigables de la Belgique.

Les bateaux du canal de Bourbourg entrent dans le canal de ceinture par l'écluse du Jeu-de-Mail; cette écluse est composée d'un sas de 20 à 24 mètres de largeur sur 65 mètres de longueur, entre deux têtes éclusées larges de 5^m,20 et munies de portes busquées vers l'amont, avec buscs à la cote 0^m,78 en amont et 0^m,72 en aval (par rapport aux basses mers de vive eau).

Les bateaux du canal de Bergues entrent dans le canal de ceinture par les pertuis du Pont-Rouge, dont l'un a 8 mètres et l'autre 6 mètre de largeur, et dont les buscs sont à la cote 0^m,33 au-dessus du même niveau.

Les bateaux du canal de Furnes entrent dans le canal de ceinture par le sas octogonal à quatre écluses. La forme de ce sas est celle d'un octogone régulier de 40 mètres de diamètre. Les bateaux traversent l'écluse qui forme tête du canal de Furnes et celle qui forme tête du canal de ceinture : la première a une largeur de 6 mètres, avec busc à la cote 1^m,18; la seconde a une largeur de 8 mètres, avec busc à la cote 0^m,21; toutes deux sont munies de deux paires de portes busquées en sens contraire.

7

Les niveaux ordinaires du plan d'eau dans ces canaux sont ainsi réglés, par rapport au même repère :

Canal de Bourbourg . . . . $3^m,52$
Canal de Bergues . . . . $2^m,64$
Canal de Furnes. . . . . $2^m,98$
Canal de ceinture. . . . . $2^m,64$

La navigation par l'écluse du Pont-Rouge, qui n'a pas de sas, se fait par niveau étale entre le canal de Bergues et le canal de ceinture, qui n'en est, à vrai dire, qu'un prolongement.

Rendus dans le canal de ceinture, les bateaux peuvent stationner dans le Port au Bois, espèce de port de navigation intérieure, où se fait le mouvement des marchandises destinées au commerce local et à la consommation de la ville, telles que bois, matériaux de construction, charbons, etc.

Le Port au Bois est garni, sur sa rive septentrionale, d'un quai en charpente, construit en 1820 par la ville, et reconstruit en 1854 par l'État.

Les bateaux, surtout les vides, stationnent aussi dans la branche du canal de ceinture qui s'étend de l'écluse du Pont-Rouge à l'écluse de Bergues, dans la portion dite *Reck à voleurs*, comprise entre l'écluse du Pont-Rouge et l'écluse du Jeu-de-Mail. Ces stationnements ne peuvent nuire à la circulation des autres bateaux, parce que le canal de ceinture est assez large dans ces diverses parties.

En temps de grandes crues, il est prudent de retirer tous les bateaux dans le Port au Bois et dans la partie en amont de l'écluse de Bergues, afin de ne pas gêner l'écoulement des eaux qui arrivent par le Pont-Rouge pour se rendre au canal de dérivation par le Reck à voleurs.

Le quai de la rive septentrionale du Port au Bois est le seul quai des canaux de ceinture; il a 200 mètres de longueur, avec une surface de 2,000 mètres carrés, affectée au mouvement des marchandises. Tout le reste du canal de ceinture est bordé de talus, avec terre-pleins correspondants, donnant environ 2,000 mètres courants de rive et 11,000 mètres carrés de superficie affectée au mouvement des marchandises.

La plus grande partie des bateaux qui sont en destination des bassins à flot se rendent directement à l'écluse de Bergues, par laquelle ils entrent dans le bassin de l'Arrière-port, et de là dans le bassin du Commerce et le bassin de la Marine, où les transbordements s'opèrent bord à bord avec les navires : on voit ainsi se former, en quelque sorte, une ligne intérieure de quais flottants, puissant auxiliaire du mouvement commercial des bassins à flot.

L'écluse de Bergues, qui assure ces mouvements de la batellerie, a un sas de 33 mètres de longueur franche et de 8^m,12 de largeur, entre deux têtes munies de portes de flot.

Le niveau des bassins maritimes passe, suivant l'âge de la lune, de 4^m,45 à 5^m,45, de sorte que les sassements de l'écluse de Bergues se font sous une dénivellation qui varie généralement entre 1^m,81 et 2^m,81, et peut quelquefois atteindre 3^m,50 ou 4 mètres dans les fortes marées d'équinoxe favorisées par le vent.

Les communications avec la Belgique, par le canal de Furnes, ne sont pas très-importantes; elles s'opèrent par la portion de canal comprise entre l'écluse à sas octogonal et le Port au Bois.

La batellerie peut aussi communiquer avec l'avant-port et le port d'échouage par le canal de dérivation et le canal de la Cunette, qui, avec le canal de ceinture et le canal de Mardick, complètent le réseau des canaux intérieurs dépendant du service du port.

Mais le canal de dérivation est peu fréquenté par la batellerie; il est terminé par l'écluse du fort Revers, qui débouche dans l'avant-port; cette écluse a un sas de 40 mètres de longueur, compris entre deux têtes de 9 mètres de largeur, avec buscs à la cote 0^m,10 au-dessus des basses mers de vive eau; elles sont munies de portes de flot qui, en temps ordinaire, permettent les sassements tant que la mer est au-dessus du niveau du canal, c'est-à-dire pendant environ cinq heures à chaque pleine mer. Le canal de dérivation est un auxiliaire utile pendant les chômages de l'écluse de Bergues.

7.

Le canal de la Cunette, compris entre le sas octogonal et l'avant-port, ne sert pas non plus ordinairement à la navigation; il ne peut être employé à cet usage que d'une manière essentiellement précaire, incommode et dangereuse pour la batellerie, en même temps que nuisible à la sécurité des populations des moères et de la quatrième section des wateringues du Nord. Il a bien fallu cependant en user ainsi en 1849-1850, lorsque l'écluse de Bergues était en réparation, et que le canal de dérivation et l'écluse du fort Revers n'étaient pas encore achevés.

Le trajet du canal de la Cunette présente des inconvénients tels que les bélandres du commerce ne prennent pas les canaux pour se rendre dans l'avant-port, quand elles peuvent passer par les bassins à flot. Dès qu'il pleut et que l'écoulement des eaux du pays doit s'opérer par ce canal, toute navigation y devient impossible, ou dangereuse pour les divers intérêts engagés.

En temps de crue et d'écoulements forcés, le simple trajet entre l'écluse de Bergues et l'écluse du Jeu-de-Mail présente, pour la batellerie et le service des desséchements, des sujétions et des gênes qu'il n'est pas toujours facile de concilier; l'ingénieur doit alors suivre de près toutes les manœuvres, et ne jamais donner des ordres par avance, sous peine de nuire à l'un ou à l'autre des intérêts rivaux du commerce et de l'agriculture.

Les niveaux de navigation donnés plus haut sont les niveaux moyens entre les temps de sécheresse et les temps de pluie, quand les terres de la campagne ne sont ni trop sèches ni trop humides.

En temps de crues, quand il faut combattre l'excès d'humidité, on doit abaisser les niveaux de navigation aux cotes ci-dessous :

Canal de Bourbourg........................ .... 3^m,45
Canal de Bergues............................ $\rbrace$
Canal de ceinture............................ $\rbrace$ 2^m,40
Canal de dérivation......................... $\rbrace$

En temps de sécheresse, dans les gelées d'hiver et surtout dans les grandes chaleurs d'été, quand il faut ménager l'eau douce et assurer l'irrigation des campagnes, on doit tenir les niveaux de navigation à des cotes plus élevées, savoir :

Canal de Bourbourg	$3^m,70$
Canal de Bergues	
Canal de ceinture	$2^m,70$
Canal de dérivation	

Le service du port ne règle pas le niveau du canal de Furnes, qui est généralement tenu à la cote $2^m,98$. C'est par la Belgique que se font les manœuvres d'eau de ce canal.

Le canal de dérivation a 2,000 mètres de longueur ; il est pourvu d'un chemin de halage continu sur l'une de ses rives; jusqu'à présent, il ne présente pas de surface affectée aux mouvements des marchandises sur aucun point de ses terre-pleins, mais les travaux en cours d'exécution permettront d'en créer.

Le canal de la Cunette a 2,200 mètres de longueur ; il est pourvu d'un chemin de halage continu, tantôt sur l'une, tantôt sur l'autre de ses rives; il n'a pas non plus de surface affectée aux mouvements des marchandises ; mais cette amélioration est aussi prévue.

Enfin, le canal de Mardick est un appendice du canal de ceinture, long de 3,600 mètres et navigable sur une partie de son étendue. C'est un ancien canal maritime, aujourd'hui envasé; il ne peut servir qu'à la batellerie pour desservir quelques usines établies sur ses rives.

En résumé, le service du port de Dunkerque comprend, outre les bassins à flot et les trois écluses de navigation maritime qui leur correspondent, quatre canaux communiquant avec le réseau des voies navigables de la France et de la Belgique et avec les bassins à flot ou le port d'échouage, à l'aide de six écluses de navigation intérieure, dont quatre à sas et deux sans sas; ces quatre canaux, tous de très-grande section, de 15 à 20 mètres au plafond et de $2^m,50$ de mouillage, ont un développement total de

9 kilomètres, avec 200 mètres de quais et 11,000 mètres carrés de
surface de terre-pleins affectée au mouvement des marchandises.

Ils servent aussi aux desséchements du pays wateringué du Nord ;
dès qu'il pleut, le service du port de Dunkerque doit assurer l'écoulement à la mer des eaux de ces régions par les écluses des canaux
de dérivation et de la Cunette.

On comprend, en effet, que ce pays, constitué par des alluvions
séculaires toujours en voie de formation, n'a été que peu à peu
soustrait à l'influence des marées par des travaux d'endiguement
successifs. L'exécution en a été entreprise, comme cela se fait
encore de nos jours pour les mers intérieures de la Hollande, avant
que les terrains eussent atteint un niveau supérieur aux plus hautes
marées. De là la nécessité d'organiser toute la contrée du littoral en
syndicats de desséchements, dits *wateringues* et *moères* ; l'existence
et la richesse de ces associations dépendent de la régularité des
manœuvres des écluses à la mer et des combinaisons adoptées pour
l'amélioration des ouvrages des ports.

Ces manœuvres et ces améliorations constituent une branche
toute spéciale du service des ports maritimes du Nord et du port
de Calais, qui fait aussi partie du delta de l'Aa, branche qui a reçu
beaucoup d'extension depuis une vingtaine d'années.

On peut admettre que les sept dixièmes des eaux des terrains
wateringués de l'arrondissement de Dunkerque arrivent dans les
canaux de ceinture par le canal de Bergues et par l'écluse du Pont-
Rouge, qui dépend du service du port.

L'écluse du Pont-Rouge a actuellement deux pertuis, l'un de
8 mètres, l'autre de 6 mètres de largeur, munis chacun d'une
paire de portes d'ebbe et d'une paire de portes de flot.

Avant 1856, elle n'avait qu'un seul pertuis de 8 mètres.

Les portes d'ebbe servent à retenir les eaux dans le canal de
Bergues quand les besoins du service du port exigent un abaissement momentané du niveau dans les canaux de ceinture.

Les portes de flot empêchent le niveau du canal de Bergues de s'élever au-dessus des limites convenables, quand le service du port exige l'exhaussement du même niveau.

Les buscs de cette écluse sont à la cote o^m,33 par rapport au niveau moyen des basses mers de vive eau.

Les eaux qui arrivent à Dunkerque par l'écluse du Pont-Rouge proviennent des 2e, 3e et 4e sections des wateringues.

Le reste des eaux qui s'écoulent par le port provient : d'une part, de la plus grande partie de la 1re section, débouchant dans les canaux de ceinture et de Mardick par l'écluse du Jeu-de-Mail, par l'éclusette du Nordgracht et par l'ancienne écluse du fort Mardick; et, d'autre part, de la plus grande partie de la 4e section des wateringues et des moères, débouchant dans le canal de la Cunette, par le canal des Moères et l'écluse à sas octogonal.

L'écluse du Jeu-de-Mail est une écluse à sas, dépendant du service ordinaire de l'arrondissement; les tirages s'y font par des vannes ménagées dans les portes d'ebbe de la tête d'aval.

La tête d'aval est aussi munie d'une paire de portes de flot, dont la manœuvre et l'entretien rentrent dans le service du port, et qui joue le même rôle que les portes de flot de l'écluse du Pont-Rouge; sa largeur est de 5^m,20 et son busc est à la cote o^m,72 au-dessus du niveau moyen des basses mers de vive eau.

L'éclusette du Nordgracht appartient à la 1re section des wateringues, sous le contrôle du service ordinaire de l'arrondissement.

L'écluse du fort Mardick est presque en ruine; elle a été remise récemment au service du port par le génie militaire.

Le canal des Moères dépend de la 4e section des wateringues, sous le contrôle du service ordinaire de l'arrondissement.

L'écluse à sas octogonal dépend du service du port; les pertuis qui correspondent aux canaux des Moères et de la Cunette ont 8 mètres de largeur, et leurs buscs sont à la cote o^m,27 pour celui d'amont, et o^m,24 pour celui d'aval.

Cette dernière partie des eaux, qui arrive de la 4e section et des

moères par le canal des Moères, se rend directement et exclusivement à la mer par le canal et l'écluse de la Cunette.

Le canal de la Cunette a, en moyenne, 13 mètres au plafond,
avec des talus réglés à environ 2 de base pour 1 de hauteur.

L'écluse de la Cunette est une écluse simple de 10 mètres de
largeur, munie d'une paire de portes de flot et d'une paire de
portes d'ebbe; les unes empêchent la mer d'entrer dans le canal, les
autres servent à y conserver le niveau normal, quand il n'est pas
nécessaire de baisser les eaux. Son busc a été pris pour zéro de
l'échelle des ouvrages du port; il correspond à peu près au niveau
moyen des basses mers de vive eau, et se trouve à 0^m,45 au-dessus
du zéro des cartes marines et de l'Annuaire des marées de Cha-
zallon.

Toutes les autres quantités d'eau qui descendent dans le canal de ceinture par les écluses du Pont-Rouge, du Jeu-de-Mail
et par le canal de Mardick, se rendent à la mer par le canal de
dérivation de l'Ouest, en traversant les ponts éclusés militaires
de la porte de Mardick et la porte d'eau de la Samaritaine,
dont les débouchés se composent, pour les ponts éclusés, de
trois pertuis de 5^m,35, avec radiers à la cote 0^m,00, et, pour la
porte d'eau, de deux pertuis de 9 mètres avec radiers à la cote
− 0^m,50; en traversant, enfin, l'écluse du fort Revers, qui forme
l'embouchure de ce canal de dérivation.

Le canal de dérivation présente en moyenne 20 mètres de largeur au plafond, avec des talus réglés à raison de 2 de base sur 1
de hauteur.

La cote du plafond est de 0^m,30 au-dessus du zéro de l'échelle
de la Cunette.

L'écluse du fort Revers se compose de deux pertuis, l'un de
9 mètres de largeur, l'autre de 7 mètres.

Celui de 9 mètres est muni d'une paire de portes d'ebbe à la
tête d'aval et de deux paires de portes de flot, l'une en aval et
l'autre en amont, comprenant entre elles un sas de 40^m,40 de lon-

gueur franche, comme il a été mentionné ci-dessus, à l'occasion des communications de la batellerie avec le port d'échouage.

Celui de 7 mètres est muni d'une paire de portes de flot et d'une porte tournante, placées toutes deux à la tête d'aval.

Les deux pertuis servent concurremment pour les desséchements.

Les buscs et le radier général des deux pertuis de l'écluse du fort Revers sont établis à la cote 0^m,10 au-dessus du zéro de l'échelle de l'écluse de la Cunette.

En temps de crues extraordinaires, il est prudent d'écouler à pleine voie le canal de Bourbourg par l'écluse du Jeu-de-Mail, au lieu de se borner à lever les vannes des portes d'ebbe; il peut être utile alors d'ouvrir momentanément les écluses du bassin à flot du Commerce et l'écluse de Bergues, pour parer aux désastres des inondations dans les campagnes de l'arrondissement : le trop-plein des eaux est ainsi écoulé pendant quelques marées, par les bassins de l'Arrière-port et du Commerce et par le port d'échouage, en même temps que par les écluses de la Cunette et du fort Revers entièrement ouvertes.

L'écluse de Bergues donne alors un débouché supplémentaire de 8^m,12 de largeur. Elle est munie à chaque tête de deux paires de portes d'ebbe et de flot, et son sas a 33 mètres de longueur franche ; elle peut fonctionner, dans les cas de mise en échouage du bassin du Commerce, aussi bien de l'amont à l'aval que de l'aval à l'amont.

Le radier général de cette écluse est à la cote 0^m,00; ses buscs d'amont et d'aval sont à la cote 0^m,30.

Les écluses du bassin du Commerce, qui, comme on l'a vu, présentent, en largeur et en profondeur, des dimensions bien supérieures à celles de l'écluse de Bergues, assurent dans une large proportion les suppléments de débouché nécessaires en temps de crues.

Si les ponts militaires du canal de dérivation ou de l'écluse du fort Revers se trouvent en réparation dans un moment où il faudrait écouler à la mer un grand volume d'eau, on peut employer à cet usage l'écluse à sas octogonal, le canal et l'écluse de la Cunette. La manœuvre inverse se fait aussi dans certains cas, et les eaux du canal des Moères sont évacuées par les ponts militaires éclusés, notamment quand il s'agit de venir en aide aux terrains les plus bas de l'arrondissement, qui restent toujours plus ou moins inondés.

Mais ce sont des manœuvres qu'il faut employer seulement dans des cas extrêmes, parce que le niveau normal du canal des Moères est d'environ 0^m,80 inférieur à celui des canaux de ceinture; les écoulements de la 4e section et des moères peuvent se trouver compromis dans le premier cas; dans le second, la navigation intérieure est plus ou moins entravée.

Chacune des quatre écluses du sas octogonal est munie de deux paires de portes busquées en sens contraire, ce qui rend possibles ces dernières manœuvres, et ce qui fait de l'écluse à sas octogonal une écluse de garde, propre à retenir les eaux de mer dans le canal de la Cunette et dans les canaux de ceinture, sans gonfler ni saler les eaux du canal des Moères et du canal de Furnes. Elle joue ainsi, par rapport à ces deux derniers canaux, le rôle de l'écluse du Pont-Rouge par rapport au canal de Bergues, et de l'écluse du Jeu-de-Mail par rapport au canal de Bourbourg.

On voit que tout ce système d'écluses, parfaitement combiné pour assurer les desséchements, ne l'est pas moins bien pour défendre le pays contre les irruptions des grandes marées, en cas de rupture des portes des écluses à la mer, ou pour maintenir dans les canaux et watergands de l'intérieur les eaux si nécessaires à l'agriculture par les temps de sécheresse, eaux d'autant plus précieuses à ménager qu'elles sont plus rares dans toute cette partie du département du Nord. On n'y a d'autres ressources, en effet, outre les eaux du ciel, que celles qui proviennent de l'Aa par les dérivations de la haute Colme et du canal de Bourbourg.

Les niveaux sur lesquels on doit régler les manœuvres d'eau varient avec l'état hygrométrique de l'atmosphère.

En temps de pluie, on fait des tirages à la mer aussitôt que les niveaux dépassent les maxima suivants :

Canal de Bourbourg.............................	3^m,45
Canal de Bergues................................	
Canal de ceinture.............................	2^m,40
Canal de dérivation............................	
Canal des Moères...............................	1^m,90
Canal de la Cunette............................	

Les maxima de crues observés depuis de longues années n'ont pas dépassé les cotes suivantes :

Canal de Bourbourg.............................	
Canal de Bergues...............................	
Canal de ceinture..............................	3^m,80
Canal de dérivation............................	
Canal des Moères...............................	
Canal de la Cunette.	3^m,20

Ces cotes sont désastreuses pour les campagnes.

Les crues les plus ordinaires se tiennent dans les moyennes ci-dessous :

Canal de Bourbourg.............................	3^m,70
Canal de Bergues...............................	
Canal de ceinture..............................	3^m,20
Canal de dérivation............................	
Canal des Moères...............................	2^m,50
Canal de la Cunette............................	

En temps de sécheresse, par les gelées d'hiver et surtout par les chaleurs de l'été, on doit veiller à la conservation de l'eau douce dans les campagnes, en maintenant, autant que possible, les niveaux ci-dessous :

Canal de Bourbourg.............................	3^m,70
Canal de Bergues...............................	
Canal de ceinture..............................	2^m,70
Canal de dérivation............................	
Canal des Moères..............................	2^m,30

8.

Dans aucun cas, le service du port de Dunkerque ne s'occupe du niveau du canal de Furnes, qui, comme on l'a dit plus haut, se tient généralement à la cote $2^m,98$.

Ces canaux et ces écluses contribuent, en certains cas, aux chasses du port.

Le système des chasses du port de Dunkerque, combiné avec le desséchement des wateringues du Nord, existe en partie depuis près d'un demi-siècle; il est composé de trois étages de chasses, échelonnées sur toute la longueur du port d'échouage, de l'avant-port et du chenal.

Le premier étage, en commençant par l'aval, est constitué par les cinq pertuis de l'écluse de chasse proprement dite : l'un, au centre, a $5^m,20$ de largeur; les quatre autres ont 4 mètres de largeur, et sont disposés symétriquement de chaque côté du premier.

Chacun de ces cinq pertuis est muni d'une paire de portes de flot; les buscs sont à la cote $0^m,60$ au-dessus du zéro de l'échelle de l'écluse de la Cunette.

Le pertuis central est pourvu en amont d'une paire de portes d'ebbe, avec vantaux tournants enchâssés dans les cadres busqués; il donne aux chasses un débouché utile de $4^m,12$ de largeur, déduction faite de l'épaisseur des poteaux.

Chaque pertuis latéral est pourvu en amont d'une porte tournante, qui donne un débouché utile de $3^m,62$ de largeur, déduction faite de l'épaisseur du poteau de rotation.

La largeur ensemble des pertuis étant ainsi de $21^m,20$, le débouché utile effectif est de $18^m,60$.

La hauteur de chute disponible varie avec les marées de $4^m,50$ à 5 mètres, mesurés sur les buscs dans les marées de vive eau.

En dehors de la période des marées de vive eau, qui dure cinq ou six jours, la chute est trop faible pour produire des chasses bien utiles.

Les hauteurs de pleine mer supérieures à la cote $5^m,70$ sont toujours dues à des coups de vent, qui amènent en même temps une houle trop forte pour assurer la fermeture des portes de chasse au moment de l'étale; aussi il n'est guère possible de réaliser des chutes supérieures à 5 mètres.

Le bassin de retenue correspondant à cette écluse présente une superficie de 30 hectares environ, avec plafond à la cote de 2 mètres dans les parties les plus élevées au-dessus du zéro de la Cunette.

Ces dispositions sont favorables au service, la tranche d'eau utile aux chasses n'étant, en réalité, que de $2^m,50$ de hauteur au plus.

Le cube d'eau lancé dans une chasse dont l'effet dure environ trois quarts d'heure peut être évalué approximativement à $300,000 \times 2^m,50 = 750,000$ mètres cubes.

Le second étage du système des chasses est constitué par l'écluse de la Cunette, dont le pertuis unique, de 10 mètres de largeur, avec busc à la cote $0^m,00$, est muni en amont d'une paire de portes d'ebbe avec vantaux tournants enchâssés dans les cadres busqués; il donne un débouché utile de $8^m,25$ de largeur, déduction faite de l'épaisseur des poteaux.

La hauteur de chute disponible est, comme à l'écluse de chasse proprement dite, de $4^m,50$ à 5 mètres. La superficie de la retenue correspondante est d'environ 10 hectares.

La hauteur de la tranche d'eau utile pour les chasses est d'environ 2 mètres, et le volume lancé par l'écluse dans une chasse est d'environ 200,000 mètres cubes.

Le troisième étage des chasses se compose des douze vannes placées dans les portes des écluses du bassin à flot du Commerce, dont le débouché ensemble est de 12 mètres carrés, fonctionnant sous une charge d'eau moyenne de $3^m,50$; et de la vanne de l'aqueduc de chasse, sous le terre-plein de l'écluse de barrage, dont le débouché est de $1^m,20$, fonctionnant sous une charge d'eau moyenne de 3 mètres.

Le réservoir correspondant est constitué par les trois bassins à

flot du Commerce, de la Marine et de l'Arrière-port, dont la superficie totale est d'environ 11 hectares.

La hauteur de la tranche d'eau dont on peut disposer pour les
chasses, en vive eau, étant de o^m,8o à 1 mètre, le troisième étage
fournit un volume que l'on peut évaluer approximativement à
100,000 mètres cubes.

Le remplissage de la retenue de la grande écluse de chasse se
fait à pleine voie. Les portes de flot des cinq pertuis sont ouvertes
et soigneusement enclavées; la mer entre librement dans le bassin,
où elle prend le niveau que donne la marée du jour. Si la houle
est trop forte au moment du plein, pour risquer la fermeture des
portes tournantes, on laisse les eaux se retirer librement avec la
marée descendante. Sinon, on ferme les portes tournantes à pleine
mer, et la chasse s'opère à la basse mer suivante.

Le remplissage de la retenue de l'écluse de la Cunette se fait au
moyen de vannes ménagées dans les portes de flot de cette écluse,
de manière à régler le niveau de la retenue dans les limites des
batardeaux et des ouvrages militaires qui longent le canal. C'est
une précaution utile, parce que, ce canal n'étant pas isolé comme
le bassin des chasses, il serait dangereux de laisser pénétrer dans
l'intérieur du pays une marée dont on ne peut assigner d'avance
l'amplitude.

Il est convenable, pour tirer le meilleur parti d'une chasse,
d'ouvrir d'abord les pertuis du troisième étage en amont, d'attendre que le gonflement qui en résulte dans le port d'échouage
se soit propagé jusqu'au droit des écluses de la Cunette et du fort
Revers, d'ouvrir alors les portes de chasse du second étage, et
enfin de ne lâcher les eaux du premier étage que quand le flot
résultant des deux premières arrive en face de l'écluse de chasse.

On empêche ainsi les eaux qui s'échappent au moment de l'ouverture des pertuis des deux premiers étages d'être partiellement employées, en pure perte, à remplir les parties de l'avant-port ou du
port d'échouage qui se trouvent en amont.

L'expérience a appris qu'en ouvrant les vannes du bassin du Commerce environ 15 à 20 minutes avant le moment présumé du plus bas de la marée, l'ouverture de l'écluse de chasse, dans les conditions indiquées, coïncide sensiblement avec la basse mer, résultat qui donne les plus grands effets utiles sur la passe en dehors de la tête des jetées.

En résumé, la puissance des chasses, au port de Dunkerque, se mesure actuellement par un volume total de 1,050,000 mètres cubes, lancé moyennement en trois quarts d'heure et ainsi décomposé :

1ᵉʳ étage.....	Écluse de chasse...............	750,000ᵐᵉ
2ᵉ étage.....｡	Écluse de la Cunette............	200,000
3ᵉ étage.....	Vannes du bassin...............	100,000
	Total pareil..........	1,050,000

Soit en moyenne. par minute, 23,000 mètres cubes, ou, par seconde, 389 mètres cubes.

D'après les prévisions de la loi du 16 juillet 1845, ces ressources devaient être augmentées en utilisant comme retenue environ 30 hectares des anciens fossés de l'Ouest de la place, en communication avec les canaux de dérivation, de ceinture et de Mardick, et comme écluse de chasse l'écluse du fort Revers, qui présente un débouché linéaire total de 16 mètres en deux pertuis, l'un de 9 mètres et l'autre de 7 mètres, sous une chute de 5 mètres à 5ᵐ,50. Mais, par suite des nouveaux projets de 1859 et 1860, sanctionnés par le décret du 14 juillet 1861, on a dû ajourner ces travaux d'appropriation, les anciens fossés étant supprimés et remplacés par d'autres dont la construction n'est pas encore terminée aujourd'hui.

L'écluse du fort Revers, construite en partie en vue des chasses, de 1847 à 1850, se compose de deux pertuis, de 9 mètres et de 7 mètres, avec buscs à la cote 0ᵐ,10.

Le premier pertuis est muni d'une paire de portes d'ebbe avec vantaux tournants enchâssés dans les cadres busqués; il donne un débouché utile de 7ᵐ,5o de largeur.

Le second est muni d'une porte tournante qui donne un débouché utile de 6ᵐ,6o de largeur.

La largeur ensemble des pertuis est de 16 mètres, et le débouché utile effectif pour les chasses, de 14ᵐ,10.

La hauteur de chute sur laquelle on pouvait compter était moyennement de 5ᵐ,35.

La superficie de la retenue correspondante, qui devait se composer de tous les fossés des anciens fronts de l'Ouest, du canal de dérivation, du canal de Mardick et du canal de ceinture, était d'environ 35 hectares.

La hauteur moyenne de la tranche d'eau disponible pour les chasses était de 2ᵐ,5o.

D'où il suit que le cube d'eau lancé dans une chasse par l'écluse du fort Revers aurait été vraisemblablement de 800,000 mètres cubes au moins.

La navigation maritime a perdu plus de douze ans pour profiter de l'amélioration qui devait résulter des projets de 1845 : l'augmentation de la puissance des chasses aurait pu, dès 1860, se mesurer par un volume d'eau total de 1,850,000 mètres cubes, lancé moyennement en trois quarts d'heure et ainsi décomposé :

1ᵉʳ étage	Écluse de chasse	750,000ᵐᶜ
2ᵉ étage	Écluse de la Cunette	200,000
	Écluse du fort Revers	800,000
3ᵉ étage	Vannes du bassin	100,000
	Total	1,850,000

Soit en moyenne, par minute, en nombre rond, 41,000 mètres cubes, ou, par seconde, 68o mètres cubes.

Mais les combinaisons définitives du décret du 14 juillet 1861,

en cours d'exécution, procureront dans quelques années une augmentation encore plus considérable.

Elles consistent dans la création de deux nouvelles écluses de
chasse aux points où les fossés de l'Ouest et de l'Est de la nouvelle
enceinte de la place débouchent dans le chenal.

A l'Ouest, la nouvelle écluse de chasse sera desservie, en même
temps que l'écluse du fort Revers, par un vaste réservoir, formé
par les canaux de jonction, de Mardick, de dérivation, et par tous
les fossés de la place. Ce réservoir aura, au niveau de la retenue
des eaux, une superficie totale de 41 hectares, ainsi répartis :

Canal de jonction	5^h,00
Canal de Mardick	18^h,00
Canal de dérivation	4^h,50
Fossés des nouveaux fronts de l'Ouest	13^h,50
Total pareil	41^h,00

Les eaux seront lancées à la fois par l'écluse du fort Revers et par
l'écluse de chasse des fossés de l'Ouest, qui donneront ensemble
un débouché linéaire total de 28 mètres.

A l'Est, la nouvelle écluse de chasse sera desservie, en même
temps que l'écluse de la Cunette, par un réservoir double du réservoir actuel, et qui se composera du canal de la Cunette, en
communication constante avec tous les fossés des anciens fronts
de l'Est et avec ceux des nouveaux fronts. Ce réservoir aura, au
niveau de la retenue des eaux de chasse, une superficie d'environ 24 hectares : les eaux seront lancées à la fois par l'écluse de
la Cunette et par l'écluse de chasse des fossés de l'Est, qui donneront
ensemble un débouché linéaire total de 22 mètres.

Enfin, en dehors des fossés et des canaux intérieurs, le nouveau
bassin à flot de l'Ouest, aujourd'hui en construction, formera un
réservoir de 6 hectares environ, qui pourra fonctionner pour les
chasses comme les bassins à flot actuels, en abaissant le plan d'eau
de 1 mètre au moment des basses mers de vive eau.

Dans ces conditions nouvelles, la puissance des chasses du port de Dunkerque se mesurera par un volume d'eau total de 2,210,000 mètres cubes, lancé moyennement dans l'espace de trois quarts d'heure, et ainsi décomposé :

1er étage.	{	Écluse de chasse ancienne....	750,000^{mc}	} 1,330,000^{mc}
	{	Écluse de chasse des fossés de l'Ouest...............	320,000	
	{	Écluse de chasse des fossés de l'Est.	260,000	
2e étage.	{	Écluse du fort Revers........	500,000	} 720,000
	{	Écluse de la Cunette........	220,000	
3e étage.	{	Vannes des bassins à flot actuels.	100,000	} 160,000
	{	Vannes du bassin de l'Ouest...	60,000	

Total pareil............ 2,210,000

Soit en moyenne, en nombre rond, 50,000 mètres cubes par minute, ou 820 mètres cubes par seconde.

Outre l'importance capitale de ces nouveaux réservoirs au point de vue de l'approfondissement du port, ils constitueront aussi un secours très-utile aux desséchements des wateringues et des moères; ce secours profitera à la navigation intérieure, en réduisant la durée des tirages à pleine voie, dans les temps de crues ordinaires, et en rendant complétement inutile, dans les crues extraordinaires, la mise en chômage des bassins à flot de l'Arrière-port et du Commerce, et l'emploi de l'écluse de Bergues comme organe d'évacuation.

En effet, pendant les interruptions des écoulements au moment des pleines mers, les eaux qui suivent le canal de dérivation de l'Ouest doivent aujourd'hui s'emmagasiner dans un réservoir comprenant le canal de Bergues, depuis Bergues jusqu'à Dunkerque, les canaux de jonction, de Mardick et de dérivation, les fossés des anciens fronts de l'Ouest, depuis l'ancien barrage de la Samaritaine jusqu'au port d'échouage; la superficie totale de ce réservoir est d'environ 48 hectares.

Les fossés des nouveaux fronts de l'Ouest porteront à 54 hectares la surface de ce réservoir, en même temps que les nouveaux pertuis de chasse à l'embouchure de ces fossés dans le chenal s'ajouteront à ceux de l'écluse du fort Revers, comme organes d'évacuation.

Avec cette augmentation de réservoir et de débouché, on peut compter qu'on dominera les plus fortes crues, résultat déjà presque complétement obtenu, à la suite des travaux prescrits par la loi du 16 juillet 1845.

Du côté de l'Est, les eaux qui suivent le canal de la Cunette trouvent actuellement, pendant les interruptions des écoulements au moment des pleines mers, un réservoir composé du canal de la Cunette et d'une partie des fossés des anciens fronts, et dont la superficie totale est de 8 hectares au niveau moyen des eaux du pays.

Avec les fossés de la nouvelle enceinte, qui doivent constituer la retenue des chasses de l'Est, la surface de ce réservoir se trouvera portée à plus de 20 hectares, en même temps qu'au pertuis de la Cunette s'ajouteront les nouveaux pertuis de chasses, à l'embouchure des fossés dans le chenal.

Cette augmentation des réservoirs et du débouché à la mer apportera une amélioration d'autant plus opportune aux desséchements, qu'il n'est pas possible aujourd'hui de dominer les crues un peu fortes dans la quatrième section des wateringues du Nord, la plus basse des régions wateringuées, à cause de l'insuffisance des réservoirs et des débouchés actuels, surtout pendant les périodes de morte eau, où il arrive souvent que la mer descend très-peu au-dessous du niveau des inondations.

L'appropriation des fossés des nouveaux fronts de l'enceinte fortifiée au service des chasses augmentera ainsi la sécurité et la richesse d'environ 50,000 hectares de terrains situés tout entiers au-dessous du niveau des hautes mers ; la navigation intérieure et le commerce maritime se trouveront affranchis des tirages à pleine voie par les canaux ou par les bassins à flot, qu'entraîne trop souvent l'urgence de l'évacuation des crues.

On voit, par tous ces détails, que le système des chasses pour l'entretien et l'amélioration de l'entrée du port est commandé pour ainsi dire par les conditions spéciales d'existence du pays wateringué. Ces conditions se sont présentées de tout temps : c'est en en tenant compte que Vauban créa, au XVIIe siècle, le port de Dunkerque, et c'est du même ordre d'idées que l'on s'est toujours inspiré depuis.

Toutefois, dans ces dernières années, on a essayé à Dunkerque une nouvelle méthode pour augmenter l'effet des chasses : elle consiste à prolonger les jetées pendant leur durée à l'instant de la basse mer.

Avant cet essai, la passe d'entrée du chenal entre la tête des jetées et les fonds de la rade présentait une déviation vers le Nord de 20 à 25 degrés par rapport à l'axe du chenal intérieur ; l'estran de l'Ouest tendait toujours à s'avancer en doublant la tête de la jetée de l'Ouest, et le courant des chasses, rejeté vers la droite à la sortie du chenal, ne pouvait qu'entretenir la passe déviée, sans la redresser.

Les courants du littoral portent de l'Est à l'Ouest, en travers de l'entrée du port, au moment de la pleine mer, c'est-à-dire au moment où le flot a le maximum de vitesse ; cette direction de la passe était aussi fâcheuse que possible : les navires, venant toujours de l'Ouest, tant à cause de la disposition des bancs aux abords de Dunkerque que du régime des courants, ne pouvaient franchir cette passe qu'en manœuvrant contre vent et marée. C'est un des plus graves inconvénients que puisse présenter l'entrée d'un port.

Il semblait évident que, si la jetée basse en enrochements et fascinages, sur laquelle est établie la jetée à claire-voie de l'Est, eût été prolongée d'environ 3oo mètres, l'action des chasses, au lieu de se reporter vers la droite à la sortie du port, aurait attaqué directement les sables qui s'avançaient en face du chenal.

Mais un ouvrage fixe de ce genre aurait été aussi nuisible, par suite des effets du régime général des alluvions dues aux courants de haute mer, qu'il semblait devoir être utile pour aider à l'action des chasses à mer basse; et il était certain qu'à Dunkerque comme partout ailleurs, on aurait vu, au bout de peu de temps, l'estran s'avancer vers le large d'une longueur égale à ce prolongement des jetées, ce qui n'aurait fait, en somme, que reculer le mal sans le détruire, tout en amoindrissant l'efficacité des chasses.

La meilleure solution, en théorie, consistait donc à échouer à basse mer, sur 3oo mètres de longueur en prolongement de la jetée de l'Est, une espèce de jetée basse mobile, immédiatement avant la chasse, et à l'enlever à mi-marée montante, vers le moment de l'étale ou du reversement des courants du littoral.

L'emploi des guideaux, en pratique, constituait la réalisation la plus simple et la plus complète de cette solution.

C'est le système qui a été mis en pratique à Dunkerque depuis une dizaine d'années. On en trouve un compte rendu détaillé dans les Notices publiées, en 1867, par le ministère des travaux publics, sur les modèles admis à l'Exposition universelle de Paris[1].

En définitive, le port de Dunkerque comprend, outre son chenal, son avant-port et son port d'échouage, trois bassins à flot, quatre canaux et un bassin des chasses, le tout servant à la navigation maritime et fluviale, aux chasses et aux desséchements du

---

[1] «Le matériel employé se compose de «trente guideaux de 10 mètres de lon-«gueur chacun; chaque guideau est formé «de cinq longrines de 10 mètres de lon-«gueur et de 3o centimètres sur 3o cen-«timètres d'équarrissage, réunies par dix «cours de moises en travers, dont cinq «armées de sabots en fer à leurs extré-«mités inférieures. Un bordage jointif en «madriers de 4 centimètres d'épaisseur «moyenne est solidement cloué et chevillé «sur les moises supérieures.» (Notice sur les modèles relatifs aux travaux publics, exposés par le ministère des travaux publics en 1867, page 190.)

pays, à l'aide de dix écluses de diverses dimensions, dont cinq à
sas et cinq sans sas, une seule ne servant qu'à l'usage exclusif des
chasses.

Les travaux d'amélioration en cours d'exécution, conformément
au décret du 14 juillet 1861, ont pour objet d'y ajouter un bassin
à flot, deux formes de radoub et deux bassins de chasses, avec quatre
nouvelles écluses de grandes dimensions, dont une à sas et trois sans
sas; deux de ces dernières, les écluses des fossés de l'Est et de
l'Ouest, ne doivent pas être employées pour le passage de la navigation maritime et fluviale.

Dans ces conditions, les bassins à flot actuels présentent ce fait
anomal d'un développement de quais de 1,670 mètres à flot, pour
une superficie d'eau de 11 hectares : cette circonstance résulte
de ce que l'on n'a encore utilisé, comme quais à l'usage du commerce, que la moitié des périmètres disponibles; le reste est affecté
à la construction et à la réparation des navires.

Quand les constructeurs auront pu s'installer ailleurs, soit sur
le bassin des chasses, soit près des canaux de dérivation et de la
Cunette, on pourra faire cesser un tel état de choses, aussi regrettable pour les intérêts de la construction que pour ceux des armements; on pourra achever les quais sur le contour du bassin du
Commerce, et utiliser l'arrière-port, qui donnerait à peu de frais
environ 1,000 mètres de quais à flot, dont la construction n'est pas
comprise dans les prévisions du décret du 14 juillet 1861.

Le tirant d'eau de la passe d'entrée et du chenal, qui avait été
réalisé dans les années antérieures, ne s'est pas maintenu pendant
les derniers hivers. Les crédits nécessaires à l'entretien des ouvrages
du port n'ont pu être assurés en temps opportun pour conserver
aux chasses la continuité nécessaire ; les bassins à flot se sont en-
vasés sous la double influence des alluvions intérieures du port et
de l'apport des égouts de la ville, qui se sont déversés dans ces
bassins jusque vers les derniers mois de 1868.

On a pu commencer en 1871 les réparations nécessaires aux

organes des chasses et les draguages indispensables dans les bassins et dans le chenal, et on les continue avec autant d'activité que le permettent les crédits annuels.

Le tirant d'eau de l'entrée du port est maintenant inférieur de 60 à 80 centimètres environ à celui que l'on avait pu réaliser de 1861 à 1868.

Quelque développés que soient les ouvrages qu'on vient de passer en revue, ils ne suffisent pas aux véritables besoins d'un établissement maritime complet.

On sait, en effet, que, pour qu'un port de commerce soit dans de bonnes conditions d'exploitation, il faut assurer ses relations avec les canaux et les voies ferrées, d'une part, et, d'autre part, avec la mer; il faut que le port renferme une surface convenable de bassins à flot et présente partout un tirant d'eau suffisant.

Il faut aussi que les quais aient une superficie en rapport avec le mouvement commercial; il faut des abris, des outillages commodes et économiques; il faut enfin utiliser le mieux possible les étendues d'eau retenues à flot.

C'est ce qui reste à faire à Dunkerque, indépendamment de la création de nouveaux chantiers de construction.

Comme outillage de chargement et déchargement, le port de Dunkerque ne possède encore que quelques grues, dont quatre à vapeur, trois mobiles et une fixe, et deux grues fixes à bras d'hommes : il n'a pas de machine à mâter, ni de bigue capable d'embarquer ou débarquer de très-lourds fardeaux, tels que de grandes chaudières à vapeur, des locomotives ou autres gros engins dont l'emploi devient de plus en plus fréquent. Les quais ne sont pas couverts, sauf sur deux points, où des compagnies de navigation à vapeur ont installé à leurs frais des abris temporaires pour le service de leurs steamers.

Pour le radoub ou la réparation des navires, l'outillage est aussi très-restreint : un gril de carénage de petites dimensions et quelques pontons d'abatage sont les seules ressources que présente le

port. Les navires qui dépassent 4oo à 5oo tonneaux de jauge doivent être conduits au Havre ou en Angleterre, pour les réparations
de quelque importance qui ne comportent pas tous les embarras d'un
hissage en chantier.

L'aménagement le mieux entendu à Dunkerque est celui qui se
rapporte à la communication des bassins à flot avec les canaux de
l'intérieur de la France et de la Belgique, et des quais avec le réseau du chemin de fer du Nord : les bateaux de canaux peuvent
entrer, circuler et stationner partout bord à bord avec les navires
dans les bassins à flot; tous les quais sont garnis de voies ferrées,
raccordées, en trois points distincts, avec la gare du chemin de
fer, de telle sorte que les trains arrivent directement sur tous les
quais, et y opèrent facilement leurs mouvements sans gêner la circulation générale.

Il faut espérer que le commerce et l'industrie maritimes com-
prendront la nécessité de l'outillage des bassins à flot et des quais,
et que des compagnies se formeront pour organiser ces appareils,
ces abris, ces magasins, dont l'ensemble constitue les docks des
Anglais et des Américains. Tous les centres maritimes seront conduits à en créer sur tous les points où les courants commerciaux
tendent à développer les affaires.

La construction navale ne peut pas s'élever à Dunkerque au
niveau que réclament aujourd'hui les besoins de la navigation à
vapeur : les emplacements sont insuffisants comme dimensions, et
aussi mal placés que possible, puisqu'ils occupent les rives d'une
partie des bassins à flot. Les améliorations en cours d'exécution
sont combinées de manière à corriger cette situation, en créant, le
long des canaux et du bassin des chasses, de nouveaux emplacements, sur lesquels les constructeurs pourront donner à leur industrie une extension en rapport avec les progrès accomplis.

Le mouvement des navires à l'entrée et dans l'intérieur du port
est dans des conditions pratiques satisfaisantes.

Le matériel du remorquage se compose de quatre remorqueurs

à vapeur, dont les forces respectives sont de 200, 120, 60 et
30 chevaux; les trois premiers appartiennent à la chambre de
commerce; le dernier, à la commission administrative du pilotage.
D'autres bateaux et chaloupes à vapeur, de passage ou en séjour
temporaire à Dunkerque, servent aussi au remorquage.

On trouvera dans les renseignements bibliographiques les titres
et dates des lois et décrets relatifs aux services du remorquage et
du pilotage.

Indépendamment des ressources que présente le matériel des
remorqueurs à vapeur, le passage des navires aux écluses, de nuit
comme de jour, est depuis longtemps organisé, et fonctionne avec
une régularité parfaite, par le moyen d'ateliers de haleurs en per-
manence sur les écluses pendant tout le temps où la marée permet
le passage des navires. Ces ateliers sont sous la direction de l'ingénieur du port et des officiers préposés à la police des mouvements;
les salaires des haleurs sont largement assurés, en raison du service auquel ils sont astreints, par les produits d'une perception qui
ne peut dépasser 3 centimes par tonneau de jauge sur tout navire
entrant dans le bassin du Commerce.

Les règlements de ce service de halage aux écluses datent de 1854
et de 1863; ils sont aussi mentionnés dans les renseignements bibliographiques qu'on trouvera plus loin.

Jusqu'en 1867, les opérations du lestage et du délestage des navires ont été l'objet d'une entreprise par adjudication au rabais. Le
cahier des charges de cette entreprise remonte à l'année 1864. Mais
depuis 1867, en conséquence des circulaires des 23 juillet 1866
et 28 février 1867, le lestage ou délestage est devenu une industrie
libre, comme le chargement, le déchargement, le camionnage, la
construction et la réparation des navires, etc., sous la condition de
satisfaire aux prescriptions du règlement général pour la police des
ports de commerce.

CHAPITRE V.

STATISTIQUE MARITIME ET COMMERCIALE DE LA RADE ET DU PORT
DE DUNKERQUE.

Le mouvement commercial du port et de la rade de Dunkerque a atteint, dans ces dernières années, un développement assez considérable.

En ce qui concerne la rade, on vient de voir que, sauf l'achèvement des signaux de marée pour la nuit, l'organisation du balisage et de l'éclairage de la côte et des bancs de Flandre est complétement terminée; l'expérience de huit années permet aujourd'hui de reconnaître que les résultats ont très-largement répondu au but que l'on s'était proposé.

Les premiers feux flottants de la rade ont été allumés vers la fin de l'année 1863; on a vu, dès 1864, les navires marchands commencer à y prendre leur mouillage; les états journaliers des mouvements et des stationnements des navires mouillés, tenus régulièrement depuis le 1er janvier 1864, fournissent les renseignements suivants :

En 1864, on a constaté au mouillage 207 navires. Dans le premier semestre, 9 seulement l'avaient essayé : 4 en février, 2 en avril et 3 en juin; l'un d'eux y était resté dans de bonnes conditions pendant huit jours. Dans le second semestre, l'issue des premières tentatives ayant été favorable, le dépouillement des états indique 198 navires ayant stationné sur rade pendant 180 jours :

Navires au mouillage dans le courant de juillet	22
Dans le courant d'août	37
Dans le courant de septembre	34
Dans le courant d'octobre	69
Dans le courant de novembre	15
Dans le courant de décembre	21

On pouvait déjà conclure de là que l'habitude était prise, et que la confiance ne pourrait qu'augmenter dans l'esprit des marins. Dans ce second semestre, plusieurs navires avaient essuyé, sans risques ni avaries, les coups de vent de l'automne et du commencement de l'hiver.

Les résultats des années suivantes sont venus confirmer ces présomptions, et ont démontré les bonnes qualités de la rade de Dunkerque. Jamais on n'a eu à enregistrer d'autres sinistres que ceux qui proviennent de ruptures de chaînes; et encore ces accidents ne se sont-ils présentés que six fois en neuf années, sur un total de 5,315 navires, qui ont mouillé sur rade plus ou moins longtemps pendant cette période, suivant l'état ci-dessous :

En 1864, ont mouillé et stationné sur rade..........	207 navires.
En 1865.................................	414
En 1866.................................	431
En 1867.................................	517
En 1868.................................	580
En 1869.................................	517
En 1870.................................	963
En 1871.................................	1,023
En 1872.................................	663
Total dans l'espace de neuf années...	5,315

Dans les quatre premières années, la marine marchande seule avait utilisé la rade de Dunkerque. En 1868, la marine militaire y est venue pour la première fois; la division cuirassée de l'escadre de la Manche est restée mouillée sur rade pendant plusieurs jours, en 1868, 1869 et 1870.

Pendant la durée de la guerre, cette expérience a été complétée dans des conditions que l'on n'aurait sans doute jamais songé à réaliser sans passer par ces désastreuses périodes. Les escadres cuirassées se sont sans cesse succédé sur rade, et les plus gros vaisseaux, *le Solferino* et *l'Océan*, y sont restés pendant des semaines et

10.

des mois, sans éprouver la moindre avarie, la moindre gêne, sans causer aucun embarras à la marine marchande.

Des embarquements de toute espèce, vivres, munitions, combustibles, artillerie, cavalerie et troupes de toute arme, s'y sont opérés sans accident pendant l'hiver. On peut juger, par le résumé ci-dessous, de l'importance de ces opérations, en ce qui concerne seulement l'embarquement de l'armée du Nord pendant l'armistice.

Dans l'espace de 12 jours, savoir : du 18 au 26 février 1871 inclusivement, et du 1ᵉʳ au 4 mars inclusivement, il a été embarqué en rade, à bord des vaisseaux, frégates et corvettes de la marine militaire et de quatre transatlantiques envoyés de Saint-Nazaire :

20,249 hommes, officiers, sous-officiers et soldats;
1,784 chevaux de cavalerie et d'artillerie;
60 pièces de canon, 10 batteries au complet;
226 voitures d'artillerie et d'ambulance, non compris les voitures de bagages des différents corps de troupes.

Aucun accident ne s'est produit.

On peut donc affirmer que la rade de Dunkerque est une bonne rade foraine, où les plus gros bâtiments trouvent de la profondeur, une bonne tenue et un calme relatif. Il est hors de doute que le *Great Eastern* lui-même pourrait y venir embarquer, en une fois, une division de 10,000 à 12,000 hommes, car son tirant d'eau ne dépasse pas celui du *Solferino*.

Ces résultats sont dus exclusivement à la création du balisage et à l'installation des feux flottants.

L'organisation des signaux de marée pour la nuit, à l'entrée du port, aura pour effet de compléter, aussi largement que possible, les améliorations nécessaires à la navigation, en facilitant la communication permanente entre le port et la rade.

En ce qui concerne le port, les résultats effectifs en 1871 se mesurent par les chiffres de 223 tonneaux de jauge à l'entrée, et de 350 tonnes de marchandises manutentionnées dans l'année, ces chiffres se rapportant au mètre courant de quai; et par un tonnage moyen de 173 tonneaux de jauge, correspondant à une charge moyenne de 230 tonnes, la charge maximum ayant atteint jusqu'à 1,800 tonnes pour un tonnage de 1,200 tonneaux de jauge.

Les transports de guano, de fontes d'Écosse, de fers bruts ou travaillés, de machines et outils divers, de charbons anglais, bois du Nord, matières textiles, céréales, alcools, huiles, pétroles, grains et graines de toute espèce, résines, fruits, etc., ont repris, après la guerre, avec une extrême abondance.

Il en a été de même des approvisionnements de charbons anglais, que, depuis un certain nombre d'années, la compagnie parisienne d'éclairage au gaz fait venir par Dunkerque au moyen de vapeurs anglais, et qui ont été d'autant plus abondants après le double siège de Paris, qu'il s'agissait de refaire des approvisionnements épuisés.

Quant aux arrivages et aux embarquements de charbons français pour la marine militaire, ils avaient pris pendant la guerre une énorme extension; la marine avait fait de Dunkerque un point de ravitaillement très-abondamment pourvu pour les escadres cuirassées qui défendaient notre littoral. Le stock une fois épuisé après la guerre, ces mouvements de charbons ont repris leur cours habituel; ils représentent environ 80 à 100,000 tonnes de charbons embarquées dans les bassins du port.

A ces trafics s'étaient ajoutés en 1871, dans une très-grande proportion, des transports de vivres, de munitions, d'armes, pour les besoins de l'armée du Nord, et des embarquements de troupes de cavalerie, envoyées des armées de l'Ouest et de la Loire pour renforcer celle du Nord; puis, après l'armistice, l'embarquement de toute l'armée du Nord, avec son artillerie et son matériel, envoyée à Cherbourg pour former le noyau primitif de l'armée de Versailles; enfin, pendant et après la guerre, des services de voya-

geurs par bateaux à vapeur entre Dunkerque, Cherbourg, Brest
et Bordeaux, pour parer à l'interruption absolue des communications par terre entre le Nord et le reste de la France.

Les anciens services du cabotage à vapeur s'étaient continués
entre Dunkerque et Londres, Hull, Goole, Middlesbroo, Édim-
bourg, Glascow, Rotterdam, Saint-Pétersbourg, le Havre, Morlaix,
Brest, Bordeaux, Marseille, etc.

Ainsi le mouvement commercial du port de Dunkerque a atteint en 1871 un maximum tout à fait inconnu jusque-là, à
peu près 1,200,000 tonneaux de jauge entrés et sortis. On en a pu
conclure que la capacité réelle des bassins s'élevait jusqu'à cette
mesure ; mais il a bien fallu reconnaître que, si cette limite pouvait
être encore dépassée, il n'en était pas de même de celles de la
localité et des chemins de fer, en chevaux, voitures, wagons, magasins et abris temporaires pour les marchandises. L'insuffisance
de ces ressources a donné lieu à de grandes gênes pour le commerce. Ces embarras auraient été encore plus sensibles si l'on
n'avait pas pu disposer, tout autour des bassins à flot et le long du
port d'échouage, des dégagements, élargissements et pavages de
terre-pleins et de chaussées, créés par les travaux de 1869 et 1870
sur plus de la moitié du développement des anciens quais du port
et sur quelques parties des canaux qui en dépendent.

Pendant quelques mois, des bélandres de la navigation intérieure ont été louées pour servir de magasin, à raison de 70 à 80
francs par jour, tant était grande la pénurie de magasins disponibles.

Comme on devait s'y attendre, cet accroissement de mouvement
commercial n'était pas normal et ne s'est pas maintenu. Les approvisionnements avaient dépassé la limite des besoins, et la nouvelle
loi sur la marine marchande venant, pour une certaine part, ajouter
ses effets à ceux du trop-plein réalisé avant la promulgation du
nouveau régime douanier, il s'est produit en 1872 un ralentisse-
ment d'autant plus sensible en apparence, que le mouvement de
1871 avait été plus exagéré.

En définitive, les résultats de l'année 1871, qui constituent un maximum tout à fait inconnu à Dunkerque, se résument à peu près comme il suit, en ce qui concerne les droits perçus sur le mouvement maritime pendant la dernière année où le régime douanier de 1861 est resté en vigueur :

Droits de douane...
$\begin{cases} \text{Entrées} \dots \dots & 3,817,978^f \\ \text{Sorties} \dots \dots & 23,549 \end{cases}$ 3,841,527^f

Droits de navigation 14,154

Droits sur les sels 450,315

Droits accessoires.............................. 10,278

Total................... 4,316,274

Les perceptions en 1870 avaient été de........... 3,103,977

Différence en plus en 1871... 1,212,297

Les transactions commerciales, complétement paralysées dans le second semestre de 1870 par les événements politiques, n'ont commencé à reprendre de l'activité que vers la fin du premier trimestre de 1871. A partir de cette époque, les perceptions se sont élevées, et, à la fin de l'année, elles ont présenté une augmentation notable sur celles de l'année précédente.

Cette augmentation s'est traduite, pour les droits de douane à l'importation, par la somme de 1,342,139 francs.

Elle porte principalement sur les froments en grains et en farines, les pétroles bruts et rectifiés, les fers en barres et en massiaux, la fonte brute, les huiles végétales, les cristaux de soude, les cotons en laine et les fils de coton.

Les droits à l'exportation présentent une diminution de 14,954 francs, portant exclusivement sur les drilles ou chiffons; elle s'explique par la difficulté qu'on a eue de faire arriver à Dunkerque par chemin de fer les marchandises encombrantes.

Les droits sur les sels présentent une diminution de 114,742 fr., provenant de ce que les sels gemmes de l'Est, qui n'arrivaient plus sur les marchés du Nord pendant les hostilités, y avaient été remplacés par les sels de l'Ouest et du Midi.

Les différences relatives aux droits de navigation et aux droits accessoires ont été la conséquence naturelle de l'accroissement du mouvement de la navigation, dont nous donnons le détail ci-après :

MOUVEMENT GÉNÉRAL DU PORT DE DUNKERQUE PENDANT L'ANNÉE 1871.

Entrés : 3,282 navires, jaugeant 572,808 tonneaux, et portant 655,000 tonnes de marchandises.

Sortis : 3,271 navires, jaugeant 561,981 tonneaux, et portant 246,000 tonnes de marchandises.

Totaux : 6,553 navires, jaugeant ensemble 1,134,789 tonneaux, et portant 901,000 tonnes ;

Dont :

1° Navires français, entrés et sortis :

2,559 navires, jaugeant 335,675 tonneaux, et portant 255,000 tonnes de marchandises ;

2° Navires étrangers, entrés et sortis :

3,994 navires, jaugeant 799,114 tonneaux, et portant 646,000 tonnes de marchandises.

La différence avec l'année 1870 est, sur la totalité des navires entrés et sortis, de 940 navires en plus, de 156,584 tonneaux de jauge et de 197,000 tonnes de marchandises.

Le tonnage moyen en tonneaux de jauge, qui était de 174 en 1870, est resté à peu près le même en 1871.

Dans ces nombres ne sont pas compris les mouvements d'entrée et de sortie des bateaux de la navigation intérieure, qui se sont produits comme il suit :

A l'entrée dans les bassins :

4,520 bateaux, jaugeant 504,433 tonneaux, et portant 120,980 tonnes de marchandises ;

A la sortie des bassins :

> 4,480 bateaux, jaugeant 500,683 tonneaux, et portant 300,918 tonnes
> de marchandises.
>
> Totaux de l'entrée et de la sortie : 9,000 bateaux, jaugeant 1,005,116
> tonneaux, et portant 421,898 tonnes de marchandises.

La navigation maritime internationale, dans ce mouvement général, présente en 1871, sur 1870, une augmentation de 74,546 tonneaux de jauge, dont 54,852 tonneaux à l'entrée et 19,694 à la sortie, pour un nombre total de 631 navires, dont 437 à l'entrée et 194 à la sortie.

Cette augmentation n'est, en grande partie, que la conséquence des événements de 1870. La profonde perturbation apportée dans les conditions économiques de la France, et particulièrement du département du Nord, complétement isolé pendant plusieurs mois du marché national, a eu nécessairement pour effet d'arrêter le commerce maritime. Une seule grande puissance, l'Angleterre, a continué à entretenir des relations assez suivies avec le port de Dunkerque; les autres, et notamment la Russie, la Suède et la Norwége, l'Italie, l'Espagne, les avaient complétement abandonnées.

A la fin de la crise, le manque d'approvisionnements, les pressants besoins de la consommation, la nécessité de ravitailler Paris, ont imprimé à la navigation une impulsion considérable. Cette impulsion a même dépassé le but, et les approvisionnements ont été fort exagérés. Les principales marchandises qui ont donné lieu à cette augmentation sont :

A L'IMPORTATION :

Les céréales;
Les graines oléagineuses;
Les sucres bruts;
Les huiles végétales;
Les cotons en laine;
Les pétroles bruts et rectifiés;
Les laines en masse;
Les engrais.

A L'EXPORTATION :

Les sucres indigènes, dont le chiffre s'est élevé à plus de 73,000 tonnes;
Les froments en grains;
Les tourteaux de graines oléagineuses;
La marne;
Les verres et cristaux;
Les fils de lin.

11

On doit remarquer aussi que la marine française a continué, en
1871, à prendre une très-faible part au commerce extérieur, et il
est présumable que cette situation ne pourra se modifier qu'à l'ex-
piration des traités qui nous lient à la plupart des puissances maritimes, et qui suspendent vraisemblablement les effets de la loi sur
les surtaxes de pavillon.

Le mouvement du cabotage peut être considéré, dans une certaine mesure, et surtout dans les circonstances particulières que
nous venons de traverser, comme solidaire du mouvement extérieur. Les observations auxquelles a donné lieu la navigation de
concurrence sont donc, en grande partie, applicables à la navigation réservée. Celle-ci présente un accroissement de 60 navires et
de 36,609 tonneaux de jauge. Une grande quantité de marchandises que l'on aurait expédiées dans un temps normal, par les
chemins de fer, ont été dirigées par mer sur les ports les plus rap-
prochés de leur destination.

Le nombre et le tonnage des navires entrés en relâche à Dunkerque, en 1871, a été de :

7 navires, jaugeant ensemble 915 tonneaux;

Dont :

3 navires français, jaugeant ensemble 524 tonneaux;
4 navires étrangers, jaugeant ensemble 391 tonneaux.

Le nombre des navires affectés à la pêche de la morue d'Islande, en 1871, a été de 111;

Leur tonnage, de 11,000 tonneaux de jauge;
Leurs équipages ont été, en total, de 1,738 hommes;
Et leurs produits, de 47,000 quintaux métriques, d'une valeur de
2,940,000 francs.

Les produits de la pêche de la morue sont principalement des-
tinés d'ordinaire aux régions de l'Est, du Centre et du Midi de la
France; ils n'ont pas pu être expédiés en 1870 sur les lieux de

consommation, en raison des dangers que présentaient les transports. Il en est résulté des stocks considérables qui étaient loin d'être épuisés en 1871, au moment où s'effectuent d'ordinaire les armements pour l'Islande. Plusieurs armateurs ont, par suite, préféré employer leurs navires au cabotage, qui offrait alors de sérieux avantages. D'autres, subissant les effets de la crise financière, ont dû renoncer aux armements. Quelques-uns, enfin, ne sont pas parvenus à constituer leurs équipages, les matelots requis pour le service de l'État n'ayant pas été rendus en temps opportun à la marine marchande. Le nombre des navires armés en 1871 a été inférieur d'un quart environ à celui des navires armés en 1870.

Le nombre des bateaux affectés à la pêche côtière en 1871 a été de 78 ;

Leur tonnage, de 2,341 tonneaux de jauge;
Leurs équipages ont été, en total, de 545 hommes;
Et leurs produits, de 6,834 quintaux métriques, d'une valeur de 683,478 francs.

Le nombre des navires construits ou réparés dans le port et lancés en 1871 a été de 2, d'un tonnage de 252 tonneaux, savoir : 1 goëlette neuve, jaugeant 140 tonneaux; 1 goëlette réparée, 112 tonneaux.

Le nombre des navires naufragés ou échoués en 1871 a été de 5, jaugeant ensemble 822 tonneaux, et représentant une perte de 45,200 francs.

On n'a eu à déplorer la perte d'aucun des hommes qui composaient les équipages de ces navires.

Les tableaux statistiques qui suivent donnent des indications détaillées sur les conditions économiques de l'utilisation du port de Dunkerque depuis plus de vingt ans.

On ne connaît pas encore, à la date actuelle, les renseignements précis des douanes pour les années 1870, 1871 et 1872.

TABLEAU N° 1. — *Mouvei*

ANNÉES.	DÉPENSES ANNUELLES EN TRAVAUX				NOMBRE DE NAVIRES à voiles					NOMBRE DE NAVIRES à vapeur		
	d'entretien.	de grosses réparations.	d'améliorations (ouvrages neufs).	Total.	entrés à charge.	sur lest.	sortis à charge.	sur lest.	Total.	entrés.	sortis.	To
1	2	3	4	5	6	7	8	9	10	11	12	
	fr. c.	fr. c.	fr. c.	fr. c.								
1848	55,229 70	18,000 00	468,919 50	537,149 20	"	"	"	"	"	"	"	
1849	39,817 40	30,000 00	460,453 50 / G. m. 10,000 00	589,670 90	1,196	431	1,035	478	3,140	156	147	
1850	44,580 90	75,100 00	631,656 80 / G. m. 6,000 00	757,336 80	1,895	461	1,151	565	3,572	235	235	
1851	39,718 46	56,500 00	514,190 23 / G. m. 2,500 00	612,908 69	1,768	267	1,025	836	3,896	280	263	
1852	30,000 00	22,126 89	518,404 44 / G. m. 2,000 00	572,531 33	1,717	176	893	895	3,681	253	253	
1853	41,486 36	37,610 59	546,974 16 / G. m. 32,000 00	658,071 11	1,840	299	893	981	4,013	245	248	
1854	41,499 35	96,000 00	546,438 63 / G. m. 23,000 00	706,937 98	1,647	217	895	831	3,590	246	257	
1855	40,639 67	69,027 57	351,653 91 / G. m. 34,000 00	465,321 15	2,236	118	910	1,195	4,459	262	258	
1856	41,242 64	56,286 26 / G. m. 6,800 00	352,069 95 / G. m. 215,000 00	670,848 85	1,864	131	890	1,099	3,984	312	309	
1857	37,416 30	48,840 37	320,995 37 / G. m. 118,600 00	525,852 04	2,171	202	1,078	1,163	4,614	408	400	
1858	36,030 08	15,184 78	643,577 06 / G. m. 39,500 00	734,291 87	1,763	414	1,373	695	4,242	511	484	

OBSERVATIONS.

Colonnes 3, 4. — Les initiales G. m. veulent dire Génie militaire; le nombre qui les suit indique la somme dépensée dans l'année en travaux militaires, en vue des améliorations du port.

Colonnes 11, 12, 13. — Les vapeurs entraient et sortaient toujours chargés jusqu'à la fin de 1859. A partir de 1860, ils se divisent en vapeurs chargés et vapeurs sur lest, à l'entrée et à la sortie.

GÉNÉRALE.

de la navigation.

NOMBRE TOTAL DES NAVIRES à voiles et à vapeur						TOTAL DÉFINITIF.			TONNAGE ANNUEL TOTAL DES NAVIRES tant à l'entrée qu'à la sortie.						Tonnage moyen de port par année.	Droits de tonnage ou de navigation perçus annuellement.
entrés		sortis		Total					Étranger, colonies et grande pêche.		Cabotage France en France.		Total.			
à charge.	sur lest.	à charge.	sur lest.	à charge.	sur lest.	Entrés.	Sortis.	Total.	Navires.	Tonneaux.	Navires.	Tonneaux.	Navires.	Tonneaux.		
14	15	16	17	18	19	20	21	22	23	24	25	26	27	28	29	30
1,032	418	975	366	2,007	784	1,450	1,341	2,791	1,481	119,778	1,310	98,153	2,791	217,926	78	fr. 26,833
1,352	431	1,182	478	2,534	909	1,783	1,660	3,443	2,043	162,683	1,400	99,183	3,443	261,866	76	55,190
1,630	461	1,386	565	3,016	1,026	2,091	1,951	4,042	2,383	196,284	1,659	111,087	4,042	307,371	76	66,838
2,048	267	1,288	836	3,336	1,103	2,315	2,124	4,439	2,262	202,696	2,177	159,581	4,439	362,177	81	71,267
1,970	176	1,146	895	3,116	1,071	2,146	2,041	4,187	2,002	182,377	2,185	153,001	4,187	335,378	80	58,902
2,085	299	1,141	981	3,226	1,280	2,384	2,122	4,506	2,429	238,022	2,077	149,231	4,506	387,253	85	79,866
1,893	217	1,152	831	3,045	1,048	2,110	1,983	4,093	2,201	205,494	1,892	129,622	4,093	335,116	81	61,512
2,498	118	1,168	1,195	3,666	1,313	2,616	2,363	4,979	2,881	281,867	2,098	147,352	4,979	429,159	86	94,271
2,175	181	1,199	1,099	3,375	1,280	2,307	2,296	4,605	2,820	306,081	1,785	134,387	4,605	440,468	96	119,289
2,579	202	1,478	1,163	4,057	1,365	2,781	2,641	5,422	3,214	349,666	2,208	178,771	5,422	528,426	97	173,550
2,274	414	1,854	695	4,128	1,109	2,688	2,549	5,287	3,350	382,344	1,887	146,418	5,287	528,762	101	181,012

OBSERVATIONS.

Colonne 30. — Les résultats de cette colonne comprennent exclusivement les droits et les demi-droits de tonnage et les droits d'expédition des navires.

ANNÉES.	DÉPENSES ANNUELLES EN TRAVAUX				NOMBRE DE NAVIRES à voiles					NOMBRE DE NAVIRES à vapeur		
	d'entretien.	de grosses réparations.	d'améliorations (ouvrages neufs).	Total.	entrés		sortis		Total.	entrés.	sortis.	Total.
					à charge.	sur lest.	à charge.	sur lest.				
1	2	3	4	5	6	7	8	9	10	11	12	13
	fr. c.	fr. c.	fr. c.	fr. c.								
1859	35,430 76	18,069 98	197,468 63	331,069 37	1,885	316	1,618	662	4,281	431		443	874
		G. m. 60,000 00	G. m. 19,900 00							Char-gés.	Sur lest.	Char-gés.	Sur lest.
1860	42,602 01	48,774 56	155,647 31	256,083 68	2,172	99	1,087	1,186	4,494	400	1	400	»	801
		G. m. 8,000 00											
1861	50,288 13	57,259 42	155,351 33	268,398 88	2,729	129	964	1,842	5,664	437	2	429	7	875
		G. m. 5,500 00											
1862	52,321 19	31,054 72	897,874 86	981,250 77	1,932	118	1,067	815	3,927	516	7	523	6	1,052
1863	52,416 83	69,656 08	481,516 85	803,588 96	1,736	161	1,349	733	3,979	524	3	536	6	1,069
			G. m. 200,000 00											
1864	58,893 79	9,301 45	809,725 20	672,920 44	1,841	175	1,216	771	4,003	610	»	579	87	1,228
			G. m. 300,000 00											
1865	54,818 29	21,000 00	244,841 93	550,160 22	2,091	151	1,274	860	4,376	664	14	608	66	1,352
			G. m. 280,000 00											
1866	105,834 83	61,529 28	278,902 07	846,266 18	2,047	270	1,692	802	4,611	792	13	637	108	1,550
			G. m. 400,000 00											
1867	79,877 16	47,719 87	324,725 00	749,321 53	1,866	196	1,145	991	4,198	848	27	756	143	1,774
			G. m. 297,000 00											
1868	161,347 10	19,251 35	199,278 36	565,876 81	1,865	160	1,090	910	4,025	785	15	710	96	1,606
			G. m. 250,000 00											
1869	82,287 23	38,500 00	422,660 69	1,153.437 62	1,708	169	1,037	869	3,843	764	3	654	116	1,587
			G. m. 609,999 70											
1870	85,740 80	29,537 18	548,916 66	1,374,194 64	»	»	»	»	3,914	849		850		1,699
			G. m. 710,000 00											
1871	81,905 80	27,500 00	699,241 75	1,179,769 01	»	»	»	»	4,837	856		860		1,716
			G. m. 871,821 46											
1872	83,542 50	41,911 29	946,411 46	1,421,865 25	»	»	»	»	3,414	805		795		1,600
			G. m. 850,000 00											

OBSERVATIONS.

Colonnes 3, 4. — Les initiales G. m. veulent dire Génie militaire; le nombre qui les suit indique la somme dépensée dans l'année en travaux militaires, en vue des améliorations du port.

Colonnes 11, 12, 13. — Les vapeurs entraient et sortaient toujours chargés jusqu'à la fin de 1859. A partir de 1860, ils se divisent en vapeurs chargés et vapeurs sur lest, à l'entrée et à la sortie.

NOMBRE TOTAL DES NAVIRES à voiles et à vapeur						TOTAL DÉFINITIF.			TONNAGE ANNUEL TOTAL DES NAVIRES tant à l'entrée qu'à la sortie.						Tonnage moyen du port par année.	Droits de tonnage ou de navigation perçus annuellement.
entrés		sortis		Total					Étranger, colonies et grande pêche.		Cabotage France en France.		Total.			
à chargé.	sur lest.	à chargé.	sur lest.	à chargé.	sur lest.	Entrés.	Sortis.	Total.	Navires.	Tonneaux.	Navires.	Tonneaux.	Navires.	Tonneaux.		
14	15	16	17	18	19	20	21	22	23	24	25	26	27	28	29	30
																fr.
2,816	316	1,861	669	4,177	978	2,632	2,523	5,155	3,245	382,866	1,910	154,368	5,155	537,234	106	189,050
2,573	99	1,437	1,186	4,010	1,285	2,672	2,623	5,295	3,041	383,687	2,254	177,828	5,295	561,515	106	181,588
3,166	131	1,393	1,849	4,559	1,980	3,297	3,242	6,539	4,725	585,910	1,814	146,148	6,539	784,058	112	261,296
2,448	120	1,590	821	4,038	941	2,568	2,411	4,979	3,253	433,603	1,726	145,641	4,979	579,244	116	284,668
2,260	164	1,885	789	4,145	903	2,424	2,624	5,048	3,069	418,693	1,979	159,923	5,048	578,616	115	292,307
2,451	177	1,795	808	4,246	985	2,628	2,603	5,231	3,243	492,118	1,988	160,637	5,231	652,755	125	315,348
2,755	165	1,882	920	4,637	1,091	2,920	2,808	5,728	3,770	584,242	1,958	159,674	5,728	743,916	130	311,461
2,839	268	2,129	910	4,968	1,193	3,161	3,039	6,161	4,232	699,669	1,929	161,001	6,161	860,670	140	431,436
2,714	223	1,901	1,184	4,615	1,357	2,987	3,035	5,972	4,159	715,163	1,813	153,983	5,972	869,146	145	33,315
2,650	175	1,800	1,006	4,450	1,181	2,825	2,806	5,631	4,008	741,484	1,623	146,571	5,631	888,055	158	15,099
2,632	172	1,691	985	4,223	1,157	2,704	2,676	5,380	3,817	706,103	1,563	143,420	5,380	849,523	158	14,528
"	"	"	"	"	"	2,803	2,810	5,613	"	"	"	"	5,613	978,205	174	12,774
"	"	"	"	"	"	3,282	3,271	6,553	"	"	"	"	6,553	1,134,789	178	14,154
"	"	"	"	"	"	2,469	2,545	5,014	"	"	"	"	5,014	901,628	180	"

OBSERVATIONS.

Colonne 30. — Les résultats de cette colonne comprennent exclusivement les droits et les demi-droits de tonnage et les droits d'expédition des navires.

TABLEAU N° 2. — *Mouvement des marchandises et des navi*

ANNÉES.	TIRANT D'EAU normal du cheval		TIRANT D'EAU normal sur les buscs des écluses		Largeur des écluses du bassins à flot.	SUPERFICIE D'EAU			LONGUEUR DE QUAIS			SUPERFICIE des terre-pleins des quais affectés à la manutention des marchandises		
	en vive eau.	en morte eau.	en vive eau.	en morte eau.		de port d'échouage.	de bassins à flot.	totale.	du port d'échouage.	de bassins à flot.	totale.	de port d'échouage.	de bassins à flot.	totale.
	m.	m.	m.	m.	m.	hect.	hect.	hect.	m.	m.	m.	m. q.	m. q.	m. q
1848	5,00	4,00	6,35	5,35	16,00	15,50	3,00	18,50	1,600	700	2,300	20,000	8,400	28,40
1849	5,00	4,00	6,35	5,35	16,00	15,50	3,00	18,50	1,600	700	2,300	20,000	8,400	28,40
1850	5,00	4,00	6,35	5,35	16,00	15,50	3,00	18,50	1,600	700	2,300	20,000	8,400	28,40
1851	5,00	4,00	6,35	5,35	16,00	15,50	3,00	18,50	1,600	700	2,300	20,000	8,400	28,40
1852	5,00	4,00	6,35	5,35	16,00	15,50	3,00	18,50	1,600	700	2,300	20,000	8,400	28,40
1853	5,00	4,00	6,35	5,35	16,00 / 13,00	15,50	3,00	18,50	1,600	700	2,300	20,000	8,400	28,40
1854	5,00	4,00	6,35	5,35	Idem.	10,00	8,50	18,50	800	1,500	2,300	10,400	18,000	28,40
1855	5,00	4,00	6,35	5,35	Idem.	10,00	8,50	18,50	800	1,500	2,300	10,400	18,000	28,40
1856	5,00	4,00	6,35	5,35	Idem.	10,00	11,00	21,00	800	1,500	2,300	10,400	18,000	28,40
1857	5,30	4,30	6,35	5,35	16,00 / 13,00 / 21,00	10,00	11,00	21,00	800	1,500	2,300	10,400	18,000	28,40
1858	5,30	4,30	6,35	5,35	Idem.	10,00	11,00	21,00	800	1,500	2,300	10,400	18,000	28,40
1859	5,50	4,50	6,35	5,35	Idem.	10,00	11,00	21,00	800	1,500	2,300	10,400	18,000	28,40
1860	5,50	4,50	6,35	5,35	Idem.	10,00	11,00	21,00	800	1,500	2,300	10,400	18,000	28,40
1861	5,80	4,80	6,35	5,35	Idem.	10,00	11,00	21,00	800	1,500	2,800	12,000	18,000	30,00
1862	6,00	5,00	6,35	5,35	Idem.	10,00	11,00	21,00	800	1,500	2,800	12,000	18,000	30,00
1863	6,00	5,00	6,35	5,35	Idem.	10,00	11,00	21,00	800	1,500	2,300	12,000	18,000	30,00
1864	6,00	5,00	6,35	5,35	Idem.	10,00	11,00	21,00	800	1,500	2,300	12,000	18,000	30,00
1865	6,00	5,00	6,35	5,35	Idem.	10,00	11,00	21,00	800	1,500	2,300	12,000	18,000	30,00
1866	6,00	5,00	6,35	5,35	Idem.	10,00	11,00	21,00	800	1,500	2,300	12,000	18,000	30,00
1867	6,00	5,00	6,35	5,35	Idem.	10,00	11,00	21,00	800	1,500	2,300	12,000	18,000	30,00
1868	6,00	5,00	6,35	5,35	Idem.	10,00	11,00	21,00	875	1,670	2,545	13,000	20,000	33,00
1869	6,00	5,00	6,35	5,35	Idem.	10,00	11,00	21,00	875	1,670	2,545	13,000	20,000	33,00
1870	6,00	5,00	6,35	5,35	Idem.	10,00	11,00	21,00	900	1,670	2,570	13,000	23,500	36,5
1871	6,00	5,00	6,35	5,35	Idem.	10,00	11,00	21,00	900	1,670	2,570	13,000	23,500	36,5
1872	6,00	5,00	6,35	5,35	Idem.	10,00	11,00	21,00	900	1,670	2,570	13,000	23,500	36,5

rapporté au développement et à la superficie des quais.

TONNAGE de jauge des navires à l'entrée	TONNAGE total des marchandises tant à l'entrée qu'à la sortie	NOMBRE ANNUEL de tonneaux de jauge à l'entrée rapportés		NOMBRE ANNUEL de tonnes de marchandises rapportées		Répartition du tonnage des marchandises entre le cabotage de France ou le commerce extérieur.		NOMBRE de tonnes de marchandises entrées en entrepôt annuellement, non compris les sels de France.	DROITS de douanes autres droits accessoires perçus annuellement non compris la taxe du sel.	STOCKS d'entrepôt au fin d'année, non compris les sels de France.
		à un mètre courant de quai.	à un mètre superficiel de quai.	à un mètre courant de quai.	à un mètre superficiel de quai.	Étranger, colonies et grande pêche.	Cabotage.			
tonneaux.	tonneaux.	tonneaux.	tonneaux.	tonnes.	tonnes.	tonnes.	tonnes.	tonnes.	fr.	tonnes.
113,585	178,950	49	3,900	78	6,300	79,109	99,841	12,597	5,060,819	3,755
118,363	207,198	58	3,900	90	7,800	111,245	95,953	14,629	5,683,804	4,900
156,510	260,008	68	6,500	113	9,000	149,179	111,689	20,381	"	7,198
184,785	301,898	80	6,500	131	10,600	144,216	157,082	25,404	5,896,465	6,998
170,669	328,278	74	6,000	142	11,500	129,780	198,498	25,439	5,681,110	6,860
203,774	301,231	89	7,200	131	10,600	158,068	142,563	31,993	5,702,262	6,898
169,031	282,610	73	5,900	123	10,000	144,515	138,095	27,052	5,094,075	7,076
224,185	373,690	97	7,900	162	13,200	192,232	181,458	27,485	6,181,836	9,144
217,354	367,390	94	7,700	160	12,900	221,763	145,833	36,167	5,896,253	8,041
266,552	431,406	116	9,400	188	15,200	254,299	177,107	31,765	6,526,516	11,074
268,651	461,294	117	9,500	201	16,200	313,386	147,908	81,897	7,261,857	10,400
270,050	492,068	117	9,500	214	17,300	330,782	161,286	27,498	7,211,992	7,986
279,174	484,249	121	9,800	211	17,000	281,286	202,963	38,901	5,825,292	9,703
367,861	608,344	160	12,800	264	20,300	446,075	162,269	89,278	5,173,966	8,112
294,043	525,057	128	9,800	228	17,500	371,358	153,699	49,542	4,166,078	8,766
279,516	524,948	121	9,300	228	17,500	389,635	185,313	36,394	4,564,441	7,475
325,582	566,090	141	10,800	246	18,900	395,402	170,688	54,560	4,084,394	11,084
376,832	649,633	164	12,600	282	21,600	481,208	168,336	68,565	3,528,803	12,318
436,882	811,061	190	14,600	353	27,000	628,721	182,340	68,683	8,215,145	19,191
428,431	778,232	173	13,400	315	24,300	586,804	191,428	60,876	3,156,385	7,345
446,770	761,240	175	13,500	299	23,000	592,173	169,067	64,897	2,984,153	8,440
497,687	745,771	168	12,900	293	22,600	573,745	172,026	70,474	2,442,440	6,863
492,759	771,000	192	13,500	300	21,100	"	"	"	2,521,453	"
675,808	901,000	223	15,700	350	24,700	"	"	"	3,851,805	"
447,271	1,000,000	174	12,800	389	27,600	"	"	"	"	"

Les voies de communication qui rattachent le port de Dunkerque à l'intérieur sont :

1° Les canaux de navigation, qui comprennent :
Le canal de Bourbourg ;
Le canal de Bergues ;
Le canal de Furnes.

Le canal de Bourbourg, qui débouche dans le canal de jonction,
à la naissance du canal de Mardick, par l'écluse à sas du Jeu-de-
Mail, remonte vers Bourbourg, et va rejoindre, au Guindal, la
rivière d'Aa, qui communique au grand réseau des voies navigables du Nord de la France.

Ce canal a transporté, en 1871, 458,633 tonnes de marchandises, provenant de Dunkerque ou destinées à Dunkerque, le
plus généralement transbordées directement dans les bassins à flot ;
son tonnage a été :

En 1866................................. 373,978[t]
En 1867................................. 262,188
En 1868............................ 283,343
En 1869................................. 314,440
En 1870................................. 329,758
En 1872, d'après les renseignements approximatifs qu'on
a pu recueillir, il aura été de................. 422,000

Le canal de Bergues, débouchant dans le canal de jonction, à
quelques centaines de mètres en amont du bassin à flot de l'Arrière-port, par l'écluse simple du Pont-Rouge, remonte vers
Bergues, où il rejoint la haute Colme et la basse Colme, et se
trouve ainsi en communication, d'une part, avec la rivière d'Aa, à
laquelle se rattache la haute Colme, à Watten, et, d'autre part,
avec les voies navigables de la Belgique, dans lesquelles se confond la basse Colme à partir de la frontière.

Le canal de Bergues a transporté 72,594 tonnes de marchandises en 1871. Son tonnage, dans ces dernières années, a été :

En 1866................................... 100,388[t]
En 1867................................... 80,360
En 1868................................... 140,007
En 1869................................... 98,338
En 1870................................... 123,577
Et en 1872, il aura été de.................... 59,000

Le canal de Furnes, qui débouche à l'extrémité Est du canal de jonction par l'écluse à sas octogonal, court parallèlement à la côte jusqu'à la frontière belge, d'où il se rend à Furnes, pour s'y rattacher au grand réseau des voies navigables de la Belgique. Ce canal a transporté 54,635 tonnes de marchandises en 1871. Son tonnage dans ces dernières années a été :

En 1866 .... 87,171[t]
En 1867 87,949
En 1868 67,708
En 1869.................................. 64,111
En 1870.................................. 60,906
Et en 1872, il aura été de.................... 75,000

Le tirant d'eau de ces canaux ne dépasse pas 1m,50 en temps ordinaire; en été, la navigation y est souvent gênée par le manque d'eau ; la profondeur se réduit à 1 mètre, et ce n'est alors qu'avec des alléges que les grands bateaux peuvent gagner les voies navigables de la France ou de la Belgique, ou arriver jusqu'à Dunkerque.

2° Les chemins de fer, qui comprennent :

Le chemin de fer du Nord français;

Le chemin de fer de Dunkerque à Furnes, concédé à une compagnie belge.

Le chemin de fer du Nord aboutit à Dunkerque par les lignes de Lille et Arras à Dunkerque par Hazebrouck. La gare, commune aux voyageurs et aux marchandises, est établie dans la portion de la ville désignée sous le nom d'île Jeanty, entre le canal de jonction et l'extrémité S. O. des bassins de la Marine et de

12.

l'Arrière-port; des voies de service la rattachent, par trois points
distincts, aux voies d'exploitation qui garnissent les quais des
bassins à flot et ceux du port d'échouage en dedans de l'enceinte
de la place.

Le chemin de fer du Nord a transporté, en 1871, 441,845
tonnes de marchandises, dont 429,171 tonnes en petite vitesse,
provenant ou en destination de Dunkerque.

Le mouvement de la gare du Nord, à Dunkerque, est représenté par le tableau suivant :

| ANNÉES. | NOMBRE DE VOYAGEURS | | TONNAGE DE MARCHANDISES. | | | |
| | | | GRANDE VITESSE. | | PETITE VITESSE. | |
	AU DÉPART.	A L'ARRIVÉE.	AU DÉPART.	A L'ARRIVÉE.	AU DÉPART.	A L'ARRIVÉE.
			tonnes.	tonnes.	tonnes.	tonnes.
1850.....	65,756	54,542	1,218.4	802.4	46,923.6	25,837.2
1851.....	60,273	56,610	1,902.4	838.4	45,330.2	25,616.3
1852.....	63,442	57,255	2,297.8	976.6	50,605.6	26,103.9
1853.....	68,823	63,498	1,998.8	862.9	73,222.6	33,579.1
1854.....	65,846	61,264	1,876.7	762.3	77,409.4	33,768.3
1855.....	67,407	62,920	2,017.5	630.5	112,476.5	34,724.5
1856.....	54,369	53,150	1,339.7	810.0	100,383.8	36,893.3
1857.....	72,053	70,448	1,815.4	1,013.3	94,185.5	47,606.0
1858.....	69,694	66,849	1,700.6	767.4	96,103.7	78,558.5
1859.....	63,006	62,501	2,179.7	777.7	101,849.1	81,593.8
1860.....	68,261	67,928	2,158.0	904.0	120,060.6	58,804.7
1861.....	74,555	70,705	2,441.5	1,064.0	191,467.5	51,554.0
1862.....	72,693	67,232	2,465.7	887.7	136,276.6	72,070.6
1863.....	63,123	68,067	3,030.7	885.8	144,404.5	109,705.1
1864.....	68,036	74,936	3,360.0	956.6	183,988.4	116,960.8
1865.....	72,455	77,069	3,752.0	957.0	229,752.7	140,269.1
1866.....	75,918	82,439	2,907.1	1,020.3	297,119.4	149,868.8
1867.....	81,602	84,034	2,460.5	1,054.5	296,619.9	152,972.1
1868.....	83,812	88,298	2,755.0	1,027.1	256,213.1	157,934.9
1869.....	83,329	90,352	2,284.3	1,060.5	270,329.7	150,987.2
1870.....	98,912	101,014	4,722.2	4,436.2	278,566.5	159,528.5
1871.....	103,965	118,958	5,792.7	6,881.7	262,225.6	166,945.1
1872.....	91,134	97,502	2,821.1	1,302.8	286,053.8	196,548.3

Le chemin de fer de Furnes aboutit provisoirement à l'Est du port d'échouage, au pied des glacis de l'ancienne enceinte de l'Est, dans un terrain militaire compris entre les quais du port d'échouage et le canal de la Cunette. La gare provisoire établie en cet endroit n'est point en relation avec celle du réseau français; mais quelques tronçons de voies de service la rattachent aux rails posés sur le terre-plein du quai contigu, et permettent ainsi des transbordements directs entre navires et wagons pour les navires qui ne craignent pas l'échouage, et qui consentent à charger ou décharger en dehors des bassins à flot.

Le chemin de fer de Furnes a été livré à l'exploitation le 10 février 1870; il a transporté, en 1871, 41,087 tonnes de marchandises, dont 40,673 en petite vitesse.

Le mouvement de la gare du chemin de Furnes est représenté par le tableau suivant :

ANNÉES.	NOMBRE DE VOYAGEURS		TONNAGE DES MARCHANDISES	
	AU DÉPART.	A L'ARRIVÉE.	AU DÉPART.	A L'ARRIVÉE.
			tonnes.	tonnes.
1870 (11 mois)	22,355	20,146	9,604	14,564
1871	23,015	22,483	32,443	8,644
1872	24,044	22,162	21,502	6,840

Par suite d'une concession en date du 15 septembre 1871, la compagnie du Nord-Est prépare la construction d'un nouveau chemin de fer entre Dunkerque et Calais, par Bourbourg et Gravelines; cette nouvelle ligne aboutira à la gare du chemin de fer du Nord et communiquera avec le chemin de fer de Furnes, qui se reliera lui-même avec la gare du Nord français, par un raccordement extérieur à la place de Dunkerque.

3° Les routes et chemins, qui comprennent :

Les routes nationales n°ˢ 16 et 40, de Paris à Dunkerque et de Calais à Ypres, par Dunkerque;

La route départementale n° 15, de Dunkerque à Furnes.

La circulation journalière moyenne sur ces routes, aux abords de Dunkerque, se mesure par les chiffres du tableau suivant :

DÉSIGNATION DES ROUTES.	NOMBRE DE COLLIERS DE VOITURES					TOTAL DES COLLIERS des voitures chargées.	TOTAL GÉNÉRAL.
	D'AGRICUL- TURE.	DE ROULAGE.	D'ENTRE- PRISES régulières pour voya- geurs.	PARTICU- LIÈRES.	VIDES.		
Route nationale n° 16...	26	47	9	74	49	156	205
Route nationale n° 40...	79	128	18	91	147	316	463
Route départementlᵉ n° 15.	24	28	5	57	30	114	144

Dunkerque n'est pas un centre industriel important; une dizaine de filatures de lin et de coton, qui s'y sont établies depuis quinze ans, n'y ont pas pris un grand développement. Les armements pour la pêche de la morue en Islande constituent la principale industrie maritime de la ville; les armements au long cours n'y sont pas considérables. Les maisons de commerce de Dunkerque s'occupent d'affaires de commissions maritimes plutôt que de spéculations commerciales proprement dites.

La population s'y est accrue peu à peu depuis deux siècles, en suivant sensiblement les variations du mouvement du port :

Elle est aujourd'hui de....................... 34,350 habitants.
   (Suivant le dernier recensement de 1872.)
Le recensement de 1866 avait constaté......... 33,083
Celui de 1861........................... 32,113
Celui de 1856........................... 29,738
Et celui de 1851........................ 29,080
La population était en 1831 de.............. 25,378
En 1812 de.............................. 20,115
Et en 1801 de........................... 21,158

On trouve, dans les documents historiques anciens, qu'elle avait été sous Louis XIV, au temps de la splendeur militaire de Dunkerque :

En 1706, de............................... 14,274 habitants.
En 1696................................ 12,739
En 1695................................ 11,325
En 1685................................ 10,515

Ainsi la population de Dunkerque avait augmenté de près de moitié de sa valeur primitive entre le moment où Louis XIV l'acheta et l'époque de sa ruine, période d'environ trente-cinq ans, à la fin du xviie siècle et au commencement du xviiie siècle.

Elle ne s'était accrue que d'un tiers pendant la plus grande partie du xviiie siècle.

Elle a augmenté depuis des trois quarts environ de la valeur qu'elle avait au commencement du xixe siècle.

En somme, dans cette période totale de près de deux siècles, la population s'est accrue à peu près dans le rapport de 1 à 3,5 ; l'augmentation de la valeur des immeubles et des loyers semble indiquer que cet accroissement continuera aussitôt que les travaux d'amélioration du port et l'extension de l'enceinte auront pu être livrés au commerce et à l'usage de la population.

Les renseignements bibliographiques qui se rapportent à Dunkerque sont assez nombreux; indépendamment des ouvrages relatifs à l'histoire des nations et des maisons souveraines auxquelles cette ville a successivement appartenu, on peut citer plus particulièrement la série des documents suivants comme ayant plus spécialement trait aux diverses phases par lesquelles le port et son commerce maritime ont passé depuis la fin du xviie siècle.

La nomenclature ci-après les renferme par ordre chronologique :

1853. Essai de géologie pratique sur la Flandre française, par M. Meugy, ingénieur des mines.

1854. Notice historique sur le scel communal, les armoiries et les cachets municipaux de Dunkerque, par M. Carlier aîné.

Histoire de Zuydcoote, par R. de Bertrand.

Extrait de l'inventaire des chartes des comtes de Flandre, du château de Rupelmonde, à Gand, publié par L. Cousin.

Extrait de l'inventaire des archives des chambres des comptes de la Belgique, publié par Victor Derode.

Dévotions populaires chez les Flamands de France, par R. de Bertrand.

Règlement pour le service du halage des navires à l'entrée et à la sortie du bassin du Commerce, encore en vigueur à Dunkerque.

1855. De la plaine maritime depuis Boulogne jusqu'au Danemark, par Belpaire.

1856. Notice sur la topographie de Dunkerque, depuis son origine jusqu'à nos jours, et plus particulièrement au XVIᵉ et au XVIIᵉ siècle, par Victor Derode.

Nomenclature de documents historiques concernant Dunkerque et le Nord de la France, compris dans la collection des cartes, plans et dessins (géographie et topographie) du British Museum de Londres, publiée par MM. L. Cousin et Alard.

Notice sur le mouvement commercial du port de Dunkerque de 1755 à 1855, par Victor Derode.

1857. Fragments d'études historiques sur les seigneurs de Dunkerque, par M. Carlier aîné.

Éphémérides dunkerquoises, par Auguste Lemaire.

Notice sur les Jacobsen de Dunkerque, par Victor Derode.

Ancien règlement de police du port de Dunkerque.

1858. Reconnaissance des voies locales existantes au Vᵉ siècle, par M. Pigault de Beaupré, ingénieur des ponts et chaussées.

Promenade archéologique dans la ville de Dunkerque, par C. Thélu.

1859. Port de Dunkerque; travaux divers; cinq mémoires et sept plans lithographiés, par M. A. Plocq, ingénieur des ponts et chaussées. Bibliothèque de l'École des ponts et chaussées.

Loi du 18 juin 1859 et décret du 10 septembre 1859, concernant la concession à la chambre de commerce d'un service de remorquage par bateaux à vapeur au port de Dunkerque.

Mémoire sur l'exécution d'un pont tournant à deux volées, en tôle, construit en 1857, sur une écluse de navigation maritime, large de 21 mètres, à l'entrée des bassins à flot du port de Dunkerque, par M. A Plocq, ingénieur des ponts et chaussées.

1860. Notice sur les eaux de l'arrondissement de Dunkerque, sous le triple rapport de l'alimentation, de la salubrité et du desséchement, et de leur relation avec la navigation, par M. Frédéric Vércoustre, conducteur de travaux des wateringues.

13

1860. Histoire météorologique et médicale de Dunkerque, de 1850 à 1860, par le docteur Zandyck.

1861. Assises scientifiques tenues en août 1860 par l'Institut des provinces, à Dunkerque.

Congrès archéologique de France; compte rendu de la session tenue à Dunkerque en 1860.

Décrets des 29 août 1854 et 2 février 1861, portant règlements et tarifs du service du pilotage aux approches du port de Dunkerque.

1862. Rapport sur la reconnaissance hydrographique, faite en 1861, de la côte Nord de France entre Calais et la frontière de Belgique, par M. de la Roche-Poncié, ingénieur-hydrographe de la marine.

Statistique archéologique de l'arrondissement de Dunkerque, par MM. de Coussemacker, R. de Bertrand, Victor Derode et Frédéric Vercoustre.

Note sur les *Overdrachs* établis sur les divers canaux de la Flandre, par M. Deschamps de Pas, ingénieur des ponts et chaussées.

1859-1862. Deux éditions successives du plan général de la ville et du port de Dunkerque, par M. A. Plocq, ingénieur des ponts et chaussées.

1863. Des établissements d'instruction publique, de prévoyance, d'assistance et de réforme à Dunkerque, de 1820 à 1862, par M. Alfred Morel.

L'agrandissement de Dunkerque, par Victor Derode.

Règlement pour le service des passages de navires pendant la nuit à l'écluse du bassin de la Marine, à Dunkerque, encore en vigueur.

Étude des courants et de la marche des alluvions aux abords du détroit de Douvres et du Pas de Calais, sur les côtes de France et d'Angleterre, par M. A. Plocq, ingénieur des ponts et chaussées.

1857-1863. Collection de dessins publiée par l'École des ponts et chaussées. Tome I des Notices et Légendes explicatives : écluse de barrage avec ses portes et son pont tournant.

1864. Les grands travaux de la ville et du port de Dunkerque et leurs rapports avec le desséchement du pays, par B. Durand, conducteur de travaux des watringues.

1861-1864. De la détermination de la déclinaison de l'aiguille aimantée et observations magnétiques faites à Dunkerque, par M. P. Terquem, professeur d'hydrographie.

1864. La rade de Dunkerque, par M. Jonglez de Ligne.

Création d'un grand port sur la côte française de la mer du Nord, par M. Thém. Lestiboudois.

Anciens règlements et cahier des charges du service du lestage et du délestage à Dunkerque, avant l'application du principe de la liberté du lestage.

1862-1865. Le port et le commerce maritime de Dunkerque au XVIIIᵉ siècle, par R. de Bertrand.

1865. Mémoire sur l'assainissement de quelques quartiers de la ville de Dunkerque, par M. A. Plocq, rapporteur au conseil de salubrité. Compte rendu annuel des travaux du conseil central du département du Nord et des conseils de salubrité d'arrondissements.

1865. Résumé historique et officiel de la question de l'établissement d'une distribution d'eau à Dunkerque, de 1854 à 1865, par M. A. Plocq, ingénieur des ponts et chaussées.

1866. La marine dunkerquoise avant le xvii⁰ siècle, par Victor Derode.

1867. Le sol de la Flandre maritime, par Victor Derode.
Étude historique sur l'ancienne rivalité maritime entre Bergues et Dunkerque, par M. Carlier aîné.
Règlement général pour la police des ports de commerce français, actuellement en vigueur à Dunkerque.
Exposition universelle de Paris. Notices des modèles exposés par le ministère des travaux publics de France. Écluse de barrage. Guideaux. Feu flottant de Ruytingen.
Notice sur les travaux exécutés à Dunkerque en 1850 et 1851 pour la restauration de l'écluse de l'Arrière-port, dite écluse de Bergues, par M. A. Plocq, ingénieur des ponts et chaussées.

1868. Observations sur la carte itinéraire de la Gaule au v⁰ siècle, par L. Cousin.
La famille Faulconnier et les anciens grands baillis de Dunkerque, notice par M. Carlier aîné.

1869. Notice sur les ports de la Manche, par M. Dumas Vence, capitaine de frégate.
Notice historique de Dunkerque, par M. Ézéchiel Lebleu, ancien commandant du génie à Dunkerque.

1870. Étude sur Jean Bart, son influence, son époque, par le docteur Lebleu.
Étude sur le Portus Itius, par M. C. de Laroière.
Robert de Cassel, seigneur de Dunkerque, Cassel, Nieppe, Warneton, Gravelines, Bourbourg, par M. Carlier aîné.

1871. Histoire populaire de Dunkerque, par M. Émile Bouchet.
Construction d'un réservoir en maçonnerie et d'un filtre, par M. Frédéric Pauwels, conducteur des ponts et chaussées.

1872. Histoire de Dunkerque, racontée à la jeunesse des écoles primaires et des cours d'adultes, par M. L. Mordacq, inspecteur de l'enseignement primaire.
Mémoires historiques de Louis XIV.
Annales du Comité flamand.
Archives du département du Nord.
Archives de la mairie de Dunkerque.
Archives de la chambre de commerce de Dunkerque.
Manuscrit de M. Frazer, déposé à la chambre de commerce de Dunkerque.
Archives et mémoires de la Société dunkerquoise, pour l'encouragement des sciences, des lettres et des arts.
Catalogue du musée de Dunkerque, précédé d'une notice historique sur cette ville.

1872. Catalogue de la bibliothèque communale de la ville de Dunkerque.
  Archives du service spécial des ports, phares et balises du département du
     Nord. Archives de l'ingénieur en chef. Archives de l'ingénieur ordinaire du
     port de Dunkerque.

Les archives du service de l'ingénieur en chef des ports, phares
et balises du département du Nord remontent à 1785; elles sont
très-complètes, et renferment, pour la période de près d'un siècle
qui s'étend jusqu'à l'époque actuelle, une foule de documents
importants, mémoires, notices, projets, comptes rendus de l'exécution et de la comptabilité des travaux, cartes hydrographiques
et géographiques, observations et diagrammes marégraphiques,
hydrométriques, météorologiques et statistiques, plans et dessins
de toute espèce, qui constituent une collection précieuse pour
l'histoire du port, de la ville et des atterrages de Dunkerque.

RENSEIGNEMENTS GÉNÉRAUX.

MARÉES.

Établissement du port...................................... $19^h 13^m$
Unité de hauteur... $2^m,70$
Durée de l'étale... De 15 à 30 minutes.

HAUTEUR, PAR RAPPORT AU ZÉRO DES CARTES MARINES, DU NIVEAU MOYEN

Des pleines mers de vive eau ordinaires..................... $5^m,90$
Des pleines mers de morte eau ordinaires................... $4,90$

CHENAL ENTRE LES JETÉES.

Largeur à l'entrée... $70^m,00$

Longueur.......
$\begin{cases} \text{Chenal proprement dit.........} & 800^m,00 \\ \text{Avant-port.................} & 650,00 \\ \text{Port d'échouage.............} & 670,00 \end{cases}$ $2,120,00$

Profondeur d'eau.
$\begin{cases} \text{En vive eau ordinaire.................} & 6,50 \\ \text{En morte eau ordinaire................} & 5,50 \end{cases}$

ÉCLUSES DES BASSINS À FLOT.

Écluse à sas dite
de la Citadelle.
Écluse simple
dite de Barrage.
Écluse simple
dite de la Marine.
$\begin{cases} \text{Largeurs.........} \begin{cases} \text{Écluse de la Citadelle.} & 13^m,00 \\ \text{Écluse de Barrage...} & 21,00 \\ \text{Écluse de la Marine..} & 16,00 \end{cases} \\ \text{Longueur du sas de l'écluse de la Citadelle...} & 50,00 \\ \text{Hauteur d'eau sur les} \begin{cases} \text{en vive eau ordinaire.} & 6,35 \\ \text{en morte eau ordinaire.} & 5,35 \end{cases} \end{cases}$

SUPERFICIE AFFECTÉE AU SÉJOUR DES NAVIRES.

Avant-port... 3 hectares.
Port d'échouage.. 4

Bassins à flot....
$\begin{cases} \text{du Commerce.................} & 5^h,50 \\ \text{de la Marine.................} & 3,00 \\ \text{de l'Arrière-port..............} & 2,50 \end{cases}$ 11

LONGUEUR TOTALE DES QUAIS

Du port d'échouage.................................... 900 mètres courants.

Des bassins à flot
- du Commerce............... 845^m,00
- de la Marine................ 700 ,00   1,670
- de l'Arrière-port.... .... 125 ,00

SUPERFICIE TOTALE DES TERRE-PLEINS DES QUAIS

Du port d'échouage.................................... 13,000 mètres carrés.

Des bassins à flot
- du Commerce............... 12,000^{ms}
- de la Marine................ 10,000   23,500
- de l'Arrière-port............ 1,500

BASSINS DES CHASSES.

Superficies......
- Retenue de la grande écluse de chasse... 30^h
- Retenue de l'écluse de la Cunette....... 10   51 hectares.
- Retenue des vannes des bassins à flot... 11

Contenance utile en pleine mer de vive eau ordinaire............ 1,050,000 mètres cubes.

Dépenses totales de premier établissement au 1er janvier 1873..... 53,000,000 francs.

ENTRÉES.

ANNÉES.	NATIONA-LITÉS.	NAVIRES A VOILES.				NAVIRES A VAPEUR.				RELÂCHEURS.		TOTAL des TROIS CATÉGORIES.	
		NOMBRE.			Ton-nage.	NOMBRE.			Ton-nage.	Nom-bre.	Ton-nage.	Nom-bre.	Tonnage.
		Char-gés.	Sur lest.	Total.		Char-gés.	Sur lest.	Total.					
1860	Français.	1,692	94	1,786	160,077	105	»	105	17,572	19	1,578	2,696	281,499
	Étrangers.	481	4	485	53,064	295	1	296	48,615	4	593		
1861	Français.	1,331	128	1,459	137,215	112	1	113	20,008	16	1,567	3,315	369,684
	Étrangers.	1,398	1	1,399	154,279	325	1	326	56,359	2	286		
1862	Français..	1,257	85	1,342	126,489	139	4	143	28,891	26	2,386	2,599	297,875
	Étrangers.	675	28	703	82,638	377	3	380	61,028	5	943		
1863	Français..	1,140	146	1,286	115,195	147	»	167	24,812	13	1,508	2,439	281,408
	Étrangers.	596	15	611	75,407	377	8	380	64,102	2	379		
1864	Français..	1,389	167	1,556	148,432	134	»	134	25,251	15	1,506	2,644	327,165
	Étrangers.	452	8	460	60,592	476	2	478	91,807	1	77		
1865	Français..	1,424	130	1,554	150,142	175	6	181	32,146	22	2,266	2,946	379,478
	Étrangers.	667	21	688	88,098	489	8	497	106,451	4	375		
1866	Français.	1,163	201	1,364	135,640	201	2	203	24,935	20	2,543	3,146	441,806
	Étrangers.	884	69	953	189,630	591	11	602	186,677	4	881		
1867	Français.	1,199	175	1,874	195,969	186	15	201	37,202	17	1,802	2,957	430,797
	Étrangers.	667	21	688	113,742	662	12	674	151,518	8	564		
1868	Français..	1,091	151	1,242	126,505	199	8	202	29,938	13	1,134	2,840	448,181
	Étrangers.	774	9	783	151,861	586	12	598	138,505	»	277		
1869	Français..	979	156	1,135	113,752	138	1	139	23,264	18	1,350	2,723	429,456
	Étrangers.	780	13	802	189,307	626	2	628	150,704	6	1,017		

SORTIES.

ANNÉES.	NATIONA-LITÉS.	NAVIRES A VOILES.				NAVIRES A VAPEUR.				RELÂCHEURS.		TOTAL des TROIS CATÉGORIES.	
		NOMBRE.			Ton-nage.	NOMBRE.			Ton-nage.	Nom-bre.	Ton-nage.	Nom-bre.	Tonnage.
		Char-gés.	Sur lest.	Total.		Char-gés.	Sur lest.	Total					
1860	Français..	898	830	1,728	160,145	105	»	105	17,816	19	1,578	2,646	284,512
	Étrangers.	139	356	495	55,780	295	»	295	48,600	4	598		
1861	Français..	854	556	1,410	137,380	116	1	117	20,929	16	1,587	3,260	367,962
	Étrangers.	110	1,286	1,396	154,164	313	6	319	53,716	9	236		
1862	Français..	608	377	1,185	111,300	144	2	146	28,148	26	2,886	2,442	288,527
	Étrangers.	259	438	697	83,917	379	4	383	61,633	5	948		
1863	Français..	1,163	295	1,458	181,987	153	»	153	26,435	18	1,508	2,639	300,987
	Étrangers.	186	438	624	73,966	383	6	389	66,714	2	373		
1864	Français..	1,055	467	1,522	144,851	132	4	136	25,704	15	1,506	2,619	328,756
	Étrangers.	161	304	465	65,870	447	33	480	90,748	1	77		
1865	Français.	988	463	1,451	141,647	179	6	185	33,053	22	2,266	2,834	369,725
	Étrangers.	286	397	683	89,907	429	60	489	102,477	4	375		
1866	Français..	1,053	321	1,374	135,857	158	2	160	26,782	20	2,543	3,063	427,412
	Étrangers.	439	481	920	125,187	479	106	585	135,212	4	881		
1867	Français..	989	413	1,402	132,906	185	25	210	33,365	17	1,802	3,055	443,081
	Étrangers.	156	578	734	119,071	571	118	689	155,378	3	564		
1868	Français..	929	271	1,200	117,541	211	12	223	35,638	13	1,134	2,821	442,696
	Étrangers.	161	639	800	156,410	499	84	583	131,696	2	277		
1869	Français..	918	209	1,122	114,819	143	6	149	24,631	13	1,852	2,695	424,805
	Étrangers.	124	660	784	133,347	511	110	621	149,639	6	1,017		

IMPORTATIONS ET EXPORTATIONS.

ANNÉES.	IMPORTATIONS		EXPORTATIONS	
	PROVENANT DE PORTS FRANÇAIS ET ÉTRANGERS (en tonnes de 1,000 k.).	RÉUNIES.	PROVENANT DE PORTS FRANÇAIS ET ÉTRANGERS (en tonnes de 1,000 k.).	RÉUNIES.
1860..........	181,039[1]	138,906[2] 319,945	100,247[1]	64,057[2] 164,304
1861..........	371,046	82,456 453,502	75,029	79,813 154,842
1862..........	232,270	79,698 311,968	139,088	74,001 213,089
1863..........	218,183	79,044 297,227	121,452	106,269 227,721
1864..........	294,720	80,019 374,739	100,682	90,669 191,351
1865..........	343,356	78,664 422,020	137,847	90,666 228,513
1866..........	438,050	75,900 513,950	190,671	106,440 297,111
1867..........	443,866	85,615 529,481	142,938	105,813 248,751
1868..........	447,551	75,920 523,471	144,622	93,147 237,769
1869..........	433,634	73,623 507,257	140,111	98,403 238,514

OBSERVATIONS.

[1] Marchandises correspondant au commerce extérieur avec l'étranger, les colonies, et à la grande pêche.
[2] Marchandises correspondant au cabotage de France en France.

14

DUNKERQUE.

DROITS DE DOUANE.

ANNÉES.	IMPORTATIONS.	EXPORTATIONS.	ACCESSOIRES.	NAVIGATION.	TAXE DES SELS.
	fr.	fr.	fr.	fr.	fr.
1860.......	5,712,295	103,872	5,063	165,273	921,780
1861.......	5,152,737	21,229	7,610	253,686	759,454
1862.......	4,107,877	58,801	8,095	276,563	669,976
1863.......	4,514,923	49,318	7,410	272,364	376,137
1864.......	3,974,280	50,036	7,078	315,348	303,838
1865.......	3,486,009	34,112	8,682	311,461	286,031
1866.......	3,179,400	26,472	9,273	431,436	231,750
1867.......	3,123,504	21,849	11,032	33,315	229,888
1868.......	2,955,901	17,648	10,584	15,030	225,810
1869.......	2,405,049	6,978	10,413	14,538	238,974

MOUVEMENT DES VOYAGEURS.

ANNÉES.	ARRIVAGES.			DÉPARTS.		
	VOYAGEURS.	CHEVAUX.	VOITURES.	VOYAGEURS.	CHEVAUX.	VOITURES [1].
			fr.			fr.
1860.............	1,088	60	"	1,143	37	45,400 [2]
1861.............	1,272	23	3,461	1,004	50	16,640
1862.............	1,552	53	2,785	1,351	26	12,000
1863.............	1,162	51	2,520	917	41	41,800
1864.............	1,398	93	6,665	1,168	29	23,500
1865.............	1,401	324	1,500	1,310	69	50,500
1866.............	1,422	73	3,370	973	35	6,300
1867.............	2,204	70	7,135	1,667	19	26,890
1868.............	1,642	67	7,700	1,318	34	15,910
1869.............	1,491	117	309,853	1,180	33	59,299

OBSERVATIONS.

[1] Les voitures dont le mouvement est donné ci-dessus sont des voitures arrivées et parties comme marchandises, et non comme accompagnant des voyageurs.

[2] L'administration des douanes n'a pu nous donner que les valeurs totales des voitures par année. Les voitures sont taxées, en effet, à la valeur, et les déclarations d'entrée et de sortie, ainsi que les carnets, devis, etc., qui auraient permis d'en fixer le nombre, ayant été vendus par les Domaines, aux termes des instructions, comme remontant à plus de trois ans, on ne peut aujourd'hui avoir les nombres des voitures. On obtiendrait seulement ces nombres approximativement par une moyenne générale de valeur par unité, qui pourrait être fixée à 500 francs.

www.ingramcontent.com/pod-product-compliance
Lightning Source LLC
Chambersburg PA
CBHW071458200326
41519CB00019B/5781